ANGELA
WAIDMANN

Wunderbare Welt der

PFERDE & PONYS

Ravensburger Buchverlag

Inhaltsverzeichnis

Barockpferde

Gangpferde

Hütepferde

Schwere Arbeitspferde

Der Körperbau
Tänzer auf Zehenspitzen

Willkommen in der wunderbaren Welt der Pferde und Ponys!
Hier wirst du viele Rassen kennenlernen, vom Wildpferd bis zum
schnellen Renner und vom kleinen Pony bis zum kolossalen Kaltblut.
Eines haben sie aber alle gemeinsam: den Körperbau.

Vom kleinen Shetlandpony ...

... zum riesengroßen Shire Horse ...

... und vom super-schlanken Rennpferd ...

Flucht ist die beste Verteidigung

Die Natur hat die Pferde so geschaffen, dass sie sehr schnell laufen können. In Freiheit leben sie nämlich in der offenen Steppe, wo es kaum Möglichkeiten zum Verstecken gibt. Darum müssen sie schnell vor Raubtieren fliehen können und zu diesem Zweck haben sie lange Beine. Die stehen nicht auf den ganzen Füßen, sondern nur auf einer einzigen Zehe.

... bis zum massigen Rheinisch-Deutschen Kaltblut haben alle Pferde den Körperbau grundsätzlich gemeinsam.

Die spannende Welt der Pferde

Dieses Buch enthält acht Kapitel, in denen du verschiedene Pferdetypen findest. In Wirklichkeit ist die Welt der Pferde aber viel bunter und vielfältiger. Nicht alle Rassen lassen sich eindeutig einem bestimmten Typ zuordnen. Darum wirst du Barockpferde finden, die Vieh hüten; Hütepferde, die Rennen laufen; Rennpferde, die tölten können, und sogar Kaltblüter, die auf Springturnieren starten. Lass' dich überraschen!

Der Körperbau der Pferde ist auf schnelles Laufen ausgerichtet.

Der Körperbau der Pferde:

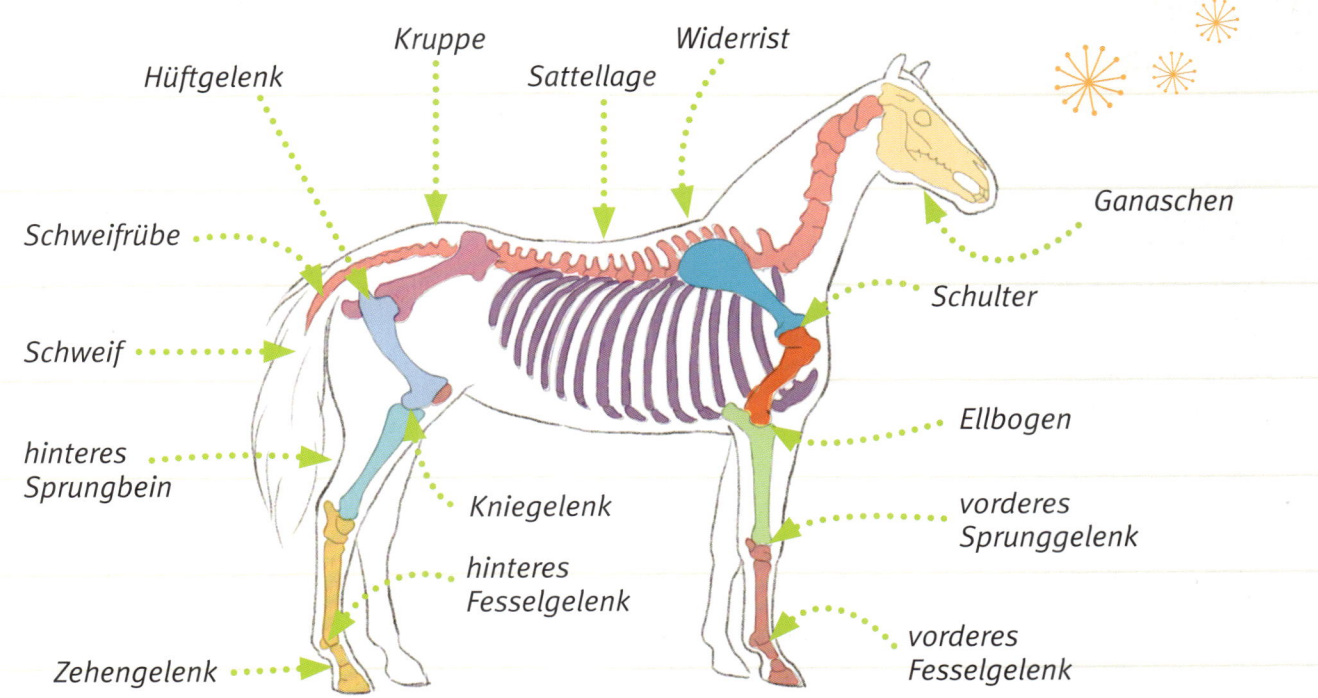

Hüftgelenk
Kruppe
Sattellage
Widerrist
Ganaschen
Schweifrübe
Schulter
Schweif
Ellbogen
hinteres Sprungbein
vorderes Sprunggelenk
Kniegelenk
hinteres Fesselgelenk
vorderes Fesselgelenk
Zehengelenk

Die Fellfarben
Bunter als gedacht

Es gibt fast nur schwarze, braune, fuchsfarbene und weiße Pferde – könnte man meinen. Aber das gilt nur für Mitteleuropa. In anderen Teilen der Erde sind die Pferde viel bunter!

<u>Rappen</u> haben ein schwarzes Fell und schwarze Mähnen und Schweife.

<u>Braune Pferde</u> sind bräunlich oder rotbraun, immer mit schwarzen Beinen und schwarzem Langhaar.

Ein dunkelbrauner Hannoveraner Wallach

Dieser Haflinger ist ein Lichtfuchs.

Bei <u>Füchsen</u> ist der Körper samt Mähne und Schweif entweder braun, rötlich oder eher gelblich gefärbt. *Dunkelfüchse* sind schokoladenbraun bis fast schwarz.
Bei <u>fuchsfarbenen Pferden mit hellem Behang</u> gibt es zwei Typen: *Lichtfüchse* haben entweder hellere oder sogar weiße Mähnen und Schweife. Bei *Isabellen* oder *Palominos* ist der Körper gelblich, ihr Langhaar ist weiß, cremefarben oder silbern.

Weiße Pferde sind meistens *Schimmel*. Sie kommen stets dunkel zur Welt, aber sie werden mit zunehmendem Alter immer heller, bis sie weiß sind. Bei *Apfelschimmeln* handelt es sich um eine mögliche Zwischenstufe zum Schimmel mit zu (Halb-)Kreisen angeordneten dunklen Haaren.

Perlinos wie diese Achal-Tekkiner-Stute haben blaue Augen.

Albinos haben rosa Haut, rosa Augen und sind von Geburt an weiß. Auch *Weiß-geborene* kommen weiß zur Welt. *Stichelhaarige Pferde* heißen oft Braun-, Fuchs-, Blau- oder Mohrenkopfschimmel, obwohl sie gar keine Schimmel sind. In ihrem Fell mischen sich dunkle und weiße Haare. Gesicht und Beine sind dunkel.

Dieser Tigerscheck-Hengst gehört zur Kaltblut-Rasse der Noriker.

Falben nennt man alle Pferde mit hellbraunem, hell sandfarbenem oder grauem Fell und schwarzem Langhaar. Aber nur „echte" Falben haben primitive Abzeichen (siehe S. 12).

Schecken besitzen weiße und farbige Stellen im Fell, die über normale Abzeichen hinausgehen. Manchmal ist fast das ganze Fell weiß oder dunkel. *Plattenschecken* haben große dunkle und weiße Flecken im Fell.
Sabinoschecken besitzen immer mindestens eine breite Blesse, meistens auch große, helle Abzeichen an den Beinen und oft weiße Flecken am Bauch.

Du bist ein Schimmel!

Die Abzeichen
Absolut unverwechselbar

Die Abzeichen eines Pferdes sind seine eindeutigen Kennzeichen, genauso wie bei uns Menschen der Fingerabdruck. Sie sind den Pferden angeboren und verändern sich im Laufe des Lebens nicht. Helle Stellen an Kopf und Beinen gehören ebenso dazu wie dunkle Streifen und Haarwirbel im Fell. All das trägt der Tierarzt nach der Geburt eines Fohlens in seine Abstammungspapiere ein.

Ein deutlich sichtbarer Aalstrich

Die primitiven Abzeichen: Die frühen Vorfahren der Pferde waren mit Streifen gemustert, ähnlich wie Zebras. So waren sie im Dickicht der Wälder, in denen sie lebten, gut getarnt. Manchmal gibt es heute noch Reste dieser Streifen. Du kannst sie vor allem bei echten Falben, aber auch bei einigen Braunen finden.

Der *Aalstrich* ist ein dunkler Streifen, der über den Rücken läuft und oft bis in den Schweif hinein reicht. Wenn er schon in der Mähne beginnt, ist diese zweifarbig.

Esel tragen oft ein deutliches Schulterkreuz.

Seltener zieht sich bei einem Pferd ein Streifen quer zur Mähne über beide Schultern und den Widerrist. Er tritt immer mit dem Aalstrich zusammen auf und bildet mit ihm ein *Schulterkreuz*.

Auch *Zebrastreifen* kommen nicht oft und nur in Verbindung mit dem Aalstrich vor. Sie laufen waagerecht über die Beine eines Pferdes.

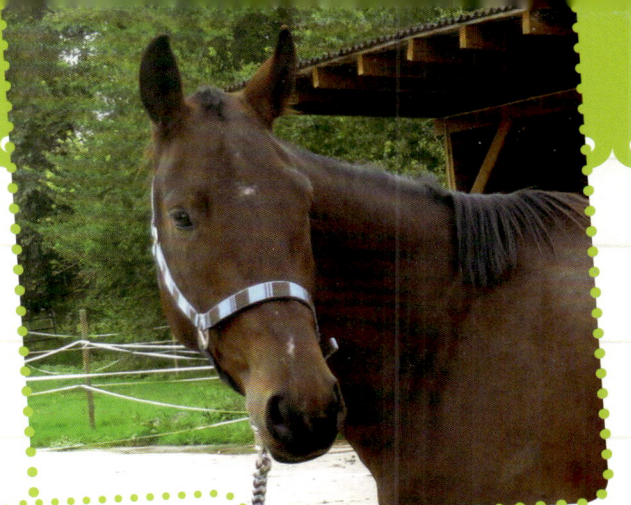

Helle Abzeichen am Kopf:
Eine *Flocke* ist ein weißer Fleck auf der Stirn eines Pferdes, etwa so groß wie ein Fingernagel.

Warmblut-Stute mit Flocke auf der Stirn

Ein Warmblut-pferd mit Stern

Blume heißt das gleiche Abzeichen, wenn es ungefähr die Größe einer Walnuss hat. Ist der weiße Fleck noch größer, wird er als *Stern* bezeichnet.

So sieht ein Mehlmaul aus.

Wenn ein Streifen von der Stirn eines Pferdes bis über seine Nase läuft, nennt man ihn *Blesse*. Sie kann von dunklem Fell unterbrochen sein.

Falls die Blesse sehr breit ist und fast die ganze Stirn, den Nasenrücken und die Nüstern vollständig bedeckt, spricht man von einer *Laterne*. Manche Pferde haben einen weißen oder rosa Fleck zwischen den Nüstern. Das ist eine *Schnippe*. Eine hellere oder sogar weiße Zeichnung, die Lippen und Nüstern bedeckt, bezeichnet man als *Mehlmaul*.

Abzeichen an den Beinen:

Laterne

hochweißer Fuß

weißer Fuß/Stiefel

weiße Fessel

halbweiße Fessel

Die Entwicklung
Der lange Weg zum „König der Steppe"

Pferde. Voller Bewunderung staunen wir über die Schönheit dieser großen, eleganten Tiere. Doch die Entwicklung der Pferde ist eine unvorstellbar lange Geschichte und ihre frühen Vorfahren waren von den windschnellen Tieren, die wir so sehr lieben, meilenweit entfernt.

Eohippus – ein Zwerglein im Walde

Alles begann vor etwa 60 bis 40 Millionen Jahren. Damals lebte Eohippus, ein Tier mit nur 40cm Schulterhöhe, dessen Rücken halbkreisförmig nach oben gekrümmt war. Es lief noch auf seinen ganzen Zehen, von denen es an seinen Vorderfüßen vier und an den Hinterfüßen drei besaß. Das kleine Wesen fraß vor allem Blätter und lebte im Wald, wo es sich im Dickicht vor seinen Feinden verstecken konnte.

Miohippus – allmählich geht es aufwärts

In der Folgezeit wurde die mittlere Zehe der Pferde-Vorfahren immer kräftiger. Miohippus, den es vor ca. 40 bis 25 Millionen Jahren gab, hatte zwar noch drei Zehen an jedem Fuß. Aber sein Hauptgewicht ruhte auf der mittleren Zehe. Als Waldtier war er ca. 60cm groß und sein Rücken war gerader als der von Eohippus.

Merychippus – hinaus ins Weite!

Als die Wälder allmählich einer offenen Steppe wichen, passten sich die Vorfahren der Pferde an. Vor 25 bis zehn Millionen Jahren stand Merychippus schon auf seiner mittleren Zehe, obwohl er immer noch zwei weitere Zehen pro Fuß besaß. So konnte er schneller vor Raubtieren davonlaufen, denn im weiten Grasland gab es kaum noch Verstecke. Auch sein Gebiss hatte sich geändert: Weil er keine weichen Blätter, sondern hartes Gras fraß, hatten seine Zähne größere Kauflächen. Außerdem war Merychippus mit 90cm noch einmal größer geworden.

Das kleine Eohippus ist der Urahn aller Pferde.

Zwei Fragen an Jacqueline Knoll, sie betreut nebenberuflich eine Przewalski-Herde:

Was hast du bei deiner Arbeit gelernt?

Die Przewalskis verhalten sich anders als Hauspferde. So wird ein Pferd, das sich schlecht benimmt, für einige Zeit aus der Herde ausgestoßen. Das habe ich bei zahmen Pferden noch nie erlebt.

Hast du Träume, was diese Arbeit angeht?

Ich mache viele Führungen, um den Menschen die Wildpferde näherzubringen. Das würde ich am liebsten hauptberuflich tun.

Equus – endlich Pferd!

Die Zeit verging, das schnelle Laufen auf einer Zehe bewährte sich und bei den Vorfahren der Pferde verschwanden allmählich die beiden überflüssigen Zehen. Der etwa 110cm große Pliohippus, der vor ungefähr zehn Millionen bis einer Million Jahren lebte, war der erste richtige Einhufer. Vor ca. vier Millionen Jahren entstand die Gattung der Equiden, zu denen Pferde, Zebras und Esel gehören. Und vor etwa 1,5 Millionen Jahren erblickten die ersten richtigen Pferde das Licht der Welt.

Auch dieses Fohlen eines Kap-Bergzebras zählt zu den Equiden.

?

Sieh mal, das sind deine Vorfahren!

Merychippus

Eohippus

Wildpferde
Die letzten ihrer Art

STECKBRIEF

Stockmaß: 1,25 m bis 1,35 m

Farbe: mausgrau, selten braun

Charakter: scheu, aggressiver als Hauspferde

Einst durchstreiften sie in großen Herden ganz Europa und Asien. Doch vor etwa 50 Jahren waren die frei lebenden Wildpferde endgültig ausgerottet. Wenigstens ist es gelungen, die „letzten ihrer Art" in Zoos zu retten.

Tarpane – ein Abbild der Vergangenheit

Die westliche Unterart der europäisch-asiatischen Wildpferde waren die Tarpane. Doch sie sind spätestens im vorletzten Jahrhundert ausgestorben. Immerhin hat man versucht, sie zurückzuzüchten, indem man Przewalskipferde mit verschiedenen Ponyrassen kreuzte. Das Ergebnis sind die robusten, kleinen Heckpferde. Mit ihren primitiven Abzeichen und der häufig zweifarbigen Mähne geben sie uns wenigstens eine Vorstellung davon, wie die echten Tarpane einst ausgesehen haben.

Przewalskis haben einen Aalstrich und eine Stehmähne, aber keinen Stirnschopf.

Ein Heckpferd-Hengst

Przewalskipferde –
die Außergewöhnlichen

„Takhi" werden sie von den Mongolen genannt und das bedeutet „heilig". Die Przewalskis sind der östliche Wildpferdetyp und sie haben viele spannende Besonderheiten. Sie wechseln zum Beispiel einmal pro Jahr ihr Mähnenhaar, oft haben sie gar keinen Stirnschopf. Lange Schweifhaare wachsen ihnen nur an der unteren Hälfte ihrer Schweifrübe. Und sie haben neunzehn Brustwirbel, Hauspferde dagegen nur achtzehn. Außerdem schaffen sie es, vier Tage lang ohne Wasser auszukommen, und das macht ihnen kein anderes Pferd nach.

Können diese besonderen Tiere wirklich die Vorfahren unserer Hauspferde sein? Die Erforschung ihres Erbmaterials hat bewiesen, dass sie das nicht sind. Doch die Przewalskis sind die einzigen richtigen Wildpferde, die wenigstens in Zoos und einigen Naturschutzgebieten überlebt haben. Und Versuche, die letzten echten Wildpferde in der Mongolei wieder auszuwildern, sind bislang von Erfolg gekrönt.

Ohrenränder schwarz gesäumt

Wechseln einmal pro Jahr ihr Mähnenhaar

Meist kein Stirnschopf

Meistens Schulterkreuz

Immer Aalstrich

Mehlmaul

19 statt 18 Brustwirbel

Hellere Bauchunterseite

Gelegentlich Zebrasteifen an den Beinen, besonders an den Vorderläufen

Lange Schweifhaare nur an der unteren Hälfte der Schweifrübe

STECKBRIEF

Stockmaß: 1,20m bis 1,46m

Farbe: graugelbe bis rotbraune, echte Falben mit hellerer Körper-Unterseite, meistens primitive Abzeichen, Mehlmaul

Charakter: sehr scheu, aggressiver als Hauspferde

Wild lebende Pferde
Der Traum von Freiheit

Aber sind da nicht auch noch die Mustangs? Ja, natürlich.
Doch sie stammen von verwilderten Hauspferden ab. Darum sind sie keine
Wildpferde, sondern wild lebende Pferde. Und von denen gibt es auf der
ganzen Welt erstaunlich viele. Hier sind einige Beispiele.

Mustangs – ein Mythos der Prärie

Seit Jahrhunderten wandern die Mustangs durch
die Weiten Nordamerikas. Heute gibt es etwa
20- bis 30.000; sie vermehren sich so stark, dass
immer wieder viele gefangen und zur „Adoption"
freigegeben werden. Man kann sie auch nach
Deutschland einführen, und dort werden sie
sogar gezüchtet.

Sable-Island-Ponys – Geister im Nebel

Diese kleinen Pferde sind wirklich etwas
Besonderes: Sie leben vor der Südküste Kanadas
auf einer baumlosen Insel mit nur fünf mensch-
lichen Bewohnern. Dort wabert oft dichter Nebel;
viele Schiffe sind schon an den schroffen Klippen
zerschellt, und man munkelt, die Ertrunkenen
würden als wilde Ponys wiedergeboren.

Wild lebende
Mustangs im
amerikanischen
Pryor-Gebirge

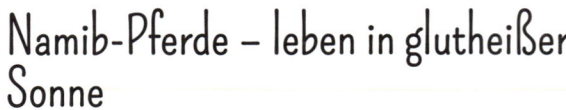

Namib-Pferde – leben in glutheißer Sonne

Etwa 130 wilde Pferde schaffen es, in Westafrika
am Rande der Wüste Namib zu überleben. Dort
wird es über 50° C heiß, doch nachts gibt es Frost.
Häufig toben Sandstürme, und in den jahrelangen
Trockenzeiten sinkt die Zahl der Pferde auf ca. 80
Tiere. Aber jährlich kommen tausende Touristen,
um die tapferen Pferde zu beobachten.

Brumby im Alpine National Park, Australien

Kaimanawa-Pferde – verwilderte Einwanderer

Im Jahr 1814 kamen die ersten Pferde nach Neuseeland. Heute streifen etwa 300 ihrer Nachkommen frei über das zentrale Plateau der Nordinsel. Die Kaimanawa-Pferde sind freundlich und besonders neugierig.

Brumbys – die edlen „Wilden"

Australien hat mehr frei lebende Pferde als jedes andere Land auf der Welt. Den Brumbys scheint die trockene Sommerhitze genauso wenig aus-zumachen wie die klirrende Kälte im Winter. Sie sind sehr edel, aber willensstark. Gut zähmen kann man sie trotzdem.

Giara-Pferde – freie Ponys in Sardinien

Wilde Pferdeherden findet man sogar im eng besiedelten Europa, und das nicht einmal allzu selten. Eine grast auf der Hochebene Giara di Gesturi in Sardinien. Bis zu 800 meist schwarz-braune Pferdchen leben dort in Familiengruppen in einem Naturschutzgebiet.

Wären wir doch nie nach Sable Island gekommen!

Unter herzoglichem Schutz
Die Wildlinge im Merfelder Bruch

Frei lebende Pferde gibt es auch in Deutschland: In der Dülmener „Wildpferdebahn" leben etwa 400 Ponys. Sie locken jede Menge Besucher in die kleine Stadt zwischen Münster und dem Ruhrgebiet, denn der Merfelder Bruch steht Besuchern an bestimmten Tagen offen.

Das Schutzgebiet des Herzogs

Noch vor 200 Jahren gab es in Deutschland viele frei herumstreifende Pferdeherden. Aber dann begannen die Menschen, sogar Moore und Flussauen landwirtschaftlich zu nutzen, und der Lebensraum der wild lebenden Pferde wurde immer kleiner. Der Herzog von Croÿ wollte sich damit nicht abfinden: Vor etwa 170 Jahren richtete er eine „Wildpferdebahn" ein. Seine Nachfahren kreuzten Hengste aus verschiedenen Ponyrassen wie Isländer oder Mongolenpferde ein, damit die Inzucht in der Herde nicht zu stark wurde.

Dülmener Wildlinge sind hart im Nehmen.

STECKBRIEF

Stockmaß: 1,25 m bis 1,35 m

Farbe: meistens graue und hellbraune, echte Falben, selten Braune und Rappen

Charakter: gutmütig, zuverlässig, freundlich

Ein unabhängiges Leben

Weitgehend frei leben die Dülmener „Wildlinge" in Familienverbänden, die aus miteinander verwandten Stuten und ihren Fohlen bestehen. Manchmal muss der Mensch aber doch eingreifen: In sehr harten Wintern bekommen die Ponys etwas zugefüttert. Damit die Fohlen in den warmen Monaten zur Welt kommen, dürfen die Hengste nur von Mai bis September zu den Stuten. Und die einjährigen Hengstfohlen fängt man jedes Frühjahr ein, um sie zu versteigern. Dabei sind Zuschauer willkommen.

Wildes Erbe

Mit ihren primitiven Abzeichen sind die Dülmener Ponys den Wildpferden wirklich ähnlich. Gleichzeitig sieht man ihrem harmonischen Körperbau mit dem langen Rücken und der kräftigen Hinterhand den Einfluss des Menschen an. Die gelassenen kleinen Pferde eignen sich gut als Reitponys für Kinder, aber sie können auch leichte Erwachsene tragen. Wegen ihrer Ausdauer haben sie sogar Talent als Distanzpferde. Auch beim Voltigieren, beim therapeutischen Reiten und vor der Kutsche machen sie eine prima Figur.

Eine Stute mit ihrem Fohlen

Die meisten Dülmener sind grau und hellbraun.

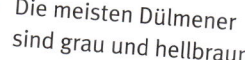

Die Zähmung
Wie die Pferde zu unseren Freunden wurden

Es geschah vor etwa 6000 Jahren: Irgendwo im heutigen Kasachstan oder in der Ukraine haben Menschen zum ersten Mal Pferde gezähmt.

Sie gaben den Menschen Flügel

Bald darauf lernten unsere Vorfahren das Reiten – und aus den langsamen Zweibeinern wurden plötzlich windschnelle Wesen! Unerreichbar weite Fernen rückten näher, und in einem Kampf waren die Reiter ihren Feinden zu Fuß haushoch überlegen. Die frühen Pferdeleute wussten, was sie ihren vierbeinigen Freunden zu verdanken hatten! Für sie waren Pferde heilige Tiere.

Wie haben sie ausgesehen?

Heute sind die wilden Vorfahren unserer Hauspferde ausgestorben. Aber wir wissen, dass es damals Braune, Rappen, Tigerschecken und wohl häufig echte Falben gegeben hat. Viele Pferde hatten einen helleren Bauch und ein Mehlmaul.

Schau mal, die 3 hübschen Ponys!

Die sind aber verschieden.

Sehr wahrscheinlich waren die ersten zahmen Pferde oft Falben wie dieses Fjordpferd.

Ponys

... heißen *alle* Pferde, die kleiner als 1,48 m Stockmaß sind, egal wie sie aussehen. Aber die ursprünglichsten Pferde, die ihren wilden Vorfahren am ähnlichsten sind, findest du nur bei den Ponys.

Die ersten Pferderassen

Die frühen Hauspferde waren nicht größer als unsere Ponys. Trotzdem haben sie die Menschen über weite Entfernungen getragen, denn in den folgenden Jahrhunderten breiteten sich die frühen Reitervölker über riesige Gebiete aus. Auch bis zu uns nach Mitteleuropa sind sie gekommen. Viele Pferderassen entstanden, denn die Pferde mussten sich den verschiedenen natürlichen Bedingungen anpassen. Außerdem haben die Menschen sie genau so gezüchtet, wie sie sie brauchten. Heute hat jede Rasse spezielle Talente, ein besonderes Aussehen und einen ganz eigenen Charme.

Trotz der unterschiedlichen Größe zählen Floh (vorne) und Rocky (hinten) beide zu den Ponys.

Vanessa mit Ponystute Twaisy. Beide sind 25 Jahre alt.

Zwei Fragen an Vanessa Timm, Studentin der Pferde-Wissenschaften in Göttingen:

Was lernst du in deinem Studium?

Ganz viel rund um die Pferde, zum Beispiel über ihren Körperbau und ihr Verhalten, über Gesundheit, Fütterung, Pferdetraining und Pferdehaltung.

Was möchtest du später einmal werden?

Ich möchte Reitlehrerin werden. Aber ich will meinen Schülern nicht nur das Reiten, sondern auch ganz viel Wissen über Pferde beibringen.

Norwegische Fjordpferde
Für fast alles zu gebrauchen

Die robusten „Fjordinger" sind beinahe auf der ganzen Welt beliebt. Für ihr Heimatland Norwegen sind sie sogar fast zu einem Nationalsymbol geworden!

Den wilden Vorfahren ähnlich

Die kräftigen Fjordponys stammen aus der durch Berge und Fjorde geprägten Landschaft West-Norwegens. Sie haben noch viele Merkmale von Wildpferden: Immer sind sie Falben mit einem Aalstrich, der in der Mähne beginnt und sich bis in den Schweif fortsetzt. Häufig haben sie ein Mehlmaul; bei manchen kannst du auch Zebra-streifen an den Beinen erkennen.

Traditionell schneidet man Fjordis eine kurze Stehmähne.

STECKBRIEF

Stockmaß: 1,35m bis 1,50m

Farbe: nur echte Falben

Charakter: freundlich, starke Nerven

Fjordis sind immer echte Falben mit zweifarbiger Mähne.

Total vielseitig

Früher waren die „Fjordis" Allround-Pferde: Samstags trugen sie vielleicht einen Reiter zum Markt, sonntags zogen sie die Kutsche zur Kirche, montags schufteten sie vor dem Pflug. Heute eignen sich die ausdauernden, anspruchslosen Ponys zum Freizeitreiten, für Wanderritte, leichte Dressurprüfungen und Distanzreiter-Wettbewerbe. Außerdem sind sie so ruhig und lieb, dass sie prima Therapiepferde und ideale Kameraden für Kinder sind.

Shetlandponys wie Wallach Wuschel sind sehr robust, denn ihre Heimat liegt weit im Norden.

Shetlandponys
Kleine, starke Freunde

Vor allem bei Kindern lösen diese niedlichen, wuschelmähnigen Pferdchen wahre Begeisterungsstürme aus. Viele sammeln ihre ersten Reiterfahrungen auf Shetlandponys. Aber Vorsicht: Man darf sie auf keinen Fall unterschätzen!

Allen Stürmen gewachsen

Die robusten, kurzbeinigen Ponys sind viel gewöhnt, schließlich liegt ihre Heimat, die Shetlandinseln, weit im Norden von Großbritannien. Dort ist der Boden unfruchtbar, sogar im Sommer wird es höchstens +15 Grad C warm, und oft toben Stürme mit heftigem Regen. Da können nur kleine, genügsame Pferde überleben. Shetlandponys sind besonders zäh, und sie werden oft sagenhafte 40 Jahre alt!

Klein, aber oho!

Das enorme Leistungsvermögen der „Shetties" ist unter Pferdekennern fast sprichwörtlich. Im Vergleich zu ihrer Größe gehören sie nämlich zu den stärksten Pferden der Welt! Sie ziehen das Doppelte ihres Gewichtes und tragen mit bis zu 60 kg sogar leichte Erwachsene.

STECKBRIEF

Stockmaß: 87 cm bis 1,07 m, außerdem kleinere Mini-Shetties

Farbe: alle außer Tigerschecken

Charakter: freundlich, starker Wille

Bibber

Sind die empfindlich!

Haflinger
Charmante Botschafter der Berge

Kinder lieben Haflinger! Diese Ponys stammen aus Südtirol, inzwischen leben sie aber auf der ganzen Welt. Sie sind so etwas wie vierbeinige Botschafter der Alpenländer geworden.

Geformt durch die Berge

Haflinger sind richtige Bergpferde. Viele wachsen heute noch auf Almen hoch in den Alpen auf, und später arbeiten sie für „ihre" Bauern an steilen Abhängen oder auf schmalen Gebirgspfaden. Darum sind die kräftigen Ponys robust, genügsam und absolut zuverlässig.

Haflinger wie Siourez sind immer Lichtfüchse.

STECKBRIEF

Stockmaß: 1,38m bis 1,55m

Farbe: immer Lichtfüchse mit Mehlmaul, oft hellerer Bauch

Charakter: sehr lieb und ausgeglichen, oft temperamentvoll

Ihr freundliches Wesen ist ihnen ins Gesicht geschrieben.

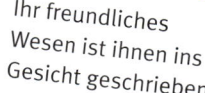

Bildhübsche Alleskönner

Das Haupt-Einsatzfeld der „blonden", auffällig schönen Ponys ist heute aber der Reitsport. Die neugierigen, besonders eifrigen Pferde sind in vielen Sparten zu Hause: auf kleinen Turnieren, beim Westernreiten, auf Wander- und Distanzritten, vor allem aber beim Freizeitreiten. Und als Kutschpferde feiern sie sogar internationale Erfolge. Weil sie so ein gutes Herz haben, sind sie ideal für Reitanfänger und erst recht für Kinder.

Mongolische Ponys
Die Helden der Steppe

Heute noch ziehen viele Mongolen als Nomaden durch die riesigen Steppen ihres Landes. Weil es dort kaum Straßen gibt, können sie nur im Sattel eines Pferdes weite Strecken zurücklegen. Ihre Kinder lernen schon reiten, bevor sie laufen können!

Überlebenskünstler

Mongolische Pferde sind stämmig, gedrungen und zottelig, denn die Menschen haben auf ihre Zucht viel weniger Einfluss als die raue Natur: Die Ponys leben in frei laufenden Herden. Ihr Futter müssen sie sich selbst suchen, auch in Sommern, die um +30°C heiß und oft sehr trocken sind, und in den langen Wintern mit bis zu -40°C Kälte. Dann verlieren die tapferen Pferdchen bis zu einem Viertel ihres Körpergewichtes.

Ausdauer-Wunder

Das extrem harte Leben hat die Ponys genügsam und unglaublich ausdauernd gemacht. Bei Pferderennen legen die selbstbewussten Tiere bis zu 35 Kilometer in vollem Galopp zurück. Speziell trainiert schaffen sie sogar Gewaltritte von sagenhaften 300 Kilometern pro Tag! Dabei gehen sie oft im Tölt.

Die Qualitäten der zähen kleinen Pferde haben auch Europäer überzeugt: Inzwischen werden die Mongolischen Ponys in Deutschland und in der Schweiz gezüchtet.

Ein Pferdehirte mit der Urga, dem typischen mongolischen Lasso

Bei Rennen legen die mongolischen Ponys enorme Strecken in vollem Galopp zurück.

STECKBRIEF

Stockmaß: 1,30m bis 1,45m

Farbe: alle

Charakter: halb wild, starker Wille, trotzdem zuverlässige Partner, die sich besonders eng an einen bestimmten Menschen anschließen

Im Paradies der wilden Pferde
Ponys aus England und Wales

Pferde in frei lebenden Herden zu züchten ist eine sehr alte Tradition, die sich in England und dem Nachbarland Wales besonders gut gehalten hat. Die Ponys, die dort ein wildes Leben führen, sind alle sehr robust, genügsam und sanftmütig.

Fell- und Dales-Ponys – imponierende Freunde aus dem Norden

Aus den Bergen Nordost-Englands stammen zwei Ponyrassen, die viel gemeinsam haben: Die Fell- und die Dales-Ponys sind meistens schwarz oder dunkelbraun. Mit ihrem kräftigen Körperbau, den dichten, langen Mähnen und Schweifen und dem starken Kötenbehang sind sie gleichzeitig hübsch und imposant. Sie werden 1,35m bis über 1,40m groß. Und ihr eifriger, aber ruhiger Charakter macht sie zu idealen Freunden für Kinder.

Der dreijährige Fell-Pony-Zuchthengst Jona

Die liebenswerten Gesichter zweier junger Welsh-B-Hengste

Welsh-Mountain-Ponys – kleine Schönheiten

Bestimmt fällt dir sofort auf, wie schön und elegant die Welsh-Mountain-Ponys sind. Die temperamentvollen, bis 1,22m großen Pferdchen mit den besonders großen Augen sind die Vorfahren aller Welsh-Ponys. Die gibt es heute nämlich auch in den Sektionen B (leicht, bis 1,37m), C (kräftig, bis 1,37m) und D (schwer, 1,37m bis 1,55 m).

Exmoor-Ponys – fast Wildpferde

Keine englische Pferderasse ist ihren wilden Vorfahren so ähnlich wie die Ponys aus dem einsamen Exmoor: Sie sind meistens Falben oder Dunkelbraune und werden höchstens 1,29m groß. Außerdem haben sie ein Mehlmaul, einen helleren Bauch und einen feinen Aalstrich auf dem Rücken. Die gedrungenen Pferdchen verhalten sich in Freiheit auffällig scheu. Gezähmt haben sie einen starken Willen, aber sie haben Kinder gern.

Exmoor-Ponys wirken sehr urtümlich.

Eine Stute grast mit ihrem Fohlen in der Heidelandschaft des New Forest.

New-Forest-Ponys – neugierige Sportskanonen

An der Südküste Englands leben die New-Forest-Ponys – nicht nur in den Wäldern, den Mooren und auf den Wiesen des New Forest, sondern fast selbstverständlich auch frei laufend in Dörfern. Die bis 1,48m großen Pferde sind schnell, ehrgeizig und sehr neugierig. Mit ihren schwingenden, flachen Gängen und ihrem Springtalent sind sie auch gute Ponys für den Turniersport.

Das Dartmoor ist eine rauhe Landschaft für Ponys.

Dartmoor-Ponys – Springpferde im Mini-Format

Im rauen Dartmoor an der Südwestspitze Englands grasen die Dartmoor-Ponys. Die kräftigen, rundlichen Tiere werden zwischen 1,16 m und 1,28 m groß und sind meistens schwarz oder braun. Wegen ihres ruhigen Charakters sind sie prima für Kinder geeignet. Und sie haben so viel Talent zum Springen, dass du mit ihnen sehr gut auf deinen ersten Turnieren starten kannst.

Connemara-Ponys
Die sportlichen Alleskönner

Aus einer wildromantischen Region im Westen Irlands stammen die Connemara-Ponys. Sie gehören zu den wenigen Rassen, die Robustheit und einen ausgeglichenen Charakter mit den rasanten Reiteigenschaften sportlicher Warmblut-Pferde verbinden.

Von der Freiheit geprägt

In der moorigen, kargen, teilweise bergigen Region Connemara leben die Ponys heute noch oft halb wild. Darum sind sie sehr gesund. Sie brauchen wenig Futter und bewegen sich sogar in schwierigem Gelände absolut sicher. Außerdem sind sie stark genug, um auf ihrem eher langen Rücken sogar Erwachsene zu tragen.

Prima Sportler

Früher hat man die Connemara-Ponys vor allem als Arbeitspferde gebraucht. Dennoch sind sie mit ihren schwungvollen, weit ausholenden Bewegungen gute Dressurpferde. Außerdem haben sie jede Menge Talent zum Springen. Zum Distanzreiten eignen sich die ausdauernden kleinen Pferde auch, ebenso für das Kutschefahren, für die Reittherapie und zum Freizeitreiten.

STECKBRIEF

Stockmaß: 1,38 bis 1,53 cm

Farbe: meistens Schimmel oder Falben

Charakter: ruhig und zuverlässig, richtige Familienponys

In der kargen Landschaft der Connemara sind die Ponys oft unter sich.

Tinker-Ponys
Tolle Schecken von den Britischen Inseln

Ursprünglich waren sie die Pferde des „fahrenden Volkes" in Großbritannien. Doch in den letzten Jahren haben die Tinker-Ponys eine beispiellose Karriere gemacht, und inzwischen sind sie in ganz Europa beliebt.

Ein wilder Rassemix

Lange Zeit mussten Tinker-Ponys einfach nur robust, genügsam, stark und ruhig sein. Ihre Besitzer haben nämlich im Traum nicht daran gedacht, eine richtige Pferderasse zu züchten. Trotzdem haben die oft gescheckten „Tinker" fast immer einige Merkmale gemeinsam: Sie sind schwer gebaut, haben viel Kötenbehang und üppige Mähnen und Schweife. Viele haben außerdem einen kurzen Rücken, eine eher hohe Aufrichtung, eine recht hohe Knieaktion und Ramsköpfe.

Tinker-Ponys sind meistens Plattenschecken.

Durch (fast) nichts zu schocken

Tinker-Ponys können flott und ausdauernd traben und ordentlich galoppieren. Hindernisse bis einen Meter Höhe sind für sie kein Problem. Aber ihr größter Trumpf ist ihr cooler Charakter! Darum eignen sie sich sehr gut zum Freizeitreiten, gerade auch für Kinder. Prima Therapiepferde sind sie außerdem. Aber ihre Paradedisziplin ist und bleibt das Kutschefahren.

STECKBRIEF

Stockmaß: oft im Ponymaß ab 1,35 m, auch kleiner oder größer bis ca. 1,60 m

Farbe: alle, meistens Schecken

Charakter: sehr gelassen, neugierig, schließen nur langsam Vertrauen

Rennpferde
Vierbeiniger Adel aus dem Orient

Ein eleganter, schlanker Körper und enorme Schnelligkeit – das sind die Eigenschaften, die alle Rennpferde gemeinsam haben. Und die meisten sind so schön, dass ihr Anblick viele Pferdekenner beinahe dahinschmelzen lässt.

Kinder der Wüste

Als vor etwa 4500 Jahren die ersten zahmen Pferde in den Orient kamen, schlug die Geburtsstunde der Vollblüter. Damals mussten sich die kräftigen Ponys aus der Steppe nämlich an das trockene, heiße Wüstenklima anpassen. Darum wurden ihre Nachkommen nach vielen Generationen zu schlanken, hochbeinigen Pferden, die so schnell sind, dass sie fast mit dem Wind um die Wette laufen können.

Durch die Kreuzung orientalischer Hengste mit englischen Stuten entstand das englische Vollblut.

Die schlanken hochbeinigen Pferderassen entstanden als Anpassung an das trocken-heiße Wüstenklima.

Das orientalische Erbe

Die edlen Orientalen waren wie geschaffen für eine uralte Leidenschaft des Menschen: Pferderennen! Das erkannten vor etwa 300 Jahren auch einige englische Adlige. Sie kreuzten orientalische Hengste mit einheimischen Stuten und schufen so die Rasse Englisches Vollblut. Diese Pferde beherrschen noch heute die Galopp-Rennbahnen auf der ganzen Welt.

Drei Fragen an Claudia Pawlak, 23 Jahre alt, Jockey-Lehrling:

Wie bist du dazu gekommen, Jockey zu werden?

Ich habe seit meiner Kindheit mit Englischen Vollblütern zu tun. Seit ich das erste Mal auf einer Rennbahn war, habe ich davon geträumt, Jockey zu werden.

Was lernst du in deiner Ausbildung?

Natürlich das Rennreiten, aber auch vieles andere, etwa, wie man Pferde pflegt oder wie man sie auf die Rennbahn begleitet.

Hast du Zukunftspläne?

Vielleicht werde ich eines Tages Galopp-Rennpferde trainieren.

Millionen-Dollar-Pferde

Pferderennen sind ein Zuschauermagnet; allein in Deutschland gibt es 47 Galopprennbahnen! Bei wichtigen Rennen erhalten Sieger und Platzierte unglaublich hohe Preisgelder. Das am besten dotierte Galopprennen der Welt ist der World Cup in Dubai, bei dem allein der Sieger sechs Millionen US-Dollar gewinnt.

VOLLBLÜTER

Zu den *Vollblütern* gehören die Rassen, deren Abstammung direkt auf Arabische Pferde zurückgeht. Das sind die Vollblut-Araber (Pferde, die wirklich nur Araber als Vorfahren haben), die Anglo-Araber und die Englischen Vollblüter. Achal-Tekkiner zählen nicht dazu. Weil die Traber teilweise von Englischen Vollblütern abstammen, bezeichnet man sie als *Halbblüter*.

Englisches Vollblut

Frisches Blut für Europas Pferde

Orientalen haben nicht nur den Rennsport „beflügelt". Die Einkreuzung Arabischer und Englischer Vollblüter hat viele Pferderassen auf der ganzen Welt veredelt und sie eleganter, zäher, vor allem aber schneller gemacht.

Araber
Gefährten des Windes

STECKBRIEF

Stockmaß: 1,40m bis 1,56m

Farbe: oft Schimmel, auch Füchse, Braune, Rappen

Charakter: freundlich, sensibel, lebhaft

Die berühmten Arabischen Pferde kommen aus den Wüsten der Arabischen Halbinsel. Schon lange werden sie auf der ganzen Welt gezüchtet, und seit Jahrhunderten haben sie auch in Europa viele Bewunderer.

Besondere Merkmale

Arabische Pferde sind Schönheiten mit einem sehr typischen Aussehen: Sie tragen ihren seidigen Schweif schon bei wenig Aufregung hoch erhoben. Außerdem haben reinblütige Araber nicht nur einen kurzen Rücken, sondern sogar oft nur 17 statt der üblichen 18 Rippen. Absolut unverwechselbar ist auch ihr „Hechtkopf" mit der breiten Stirn, der zu den besonders großen Nüstern hin schmaler wird.

Könige des Distanzsports

Das Leben in der Wüste hat die Arabischen Pferde ausdauernd und genügsam gemacht. Weltweit sind sie eine der beliebtesten Freizeitpferde-Rassen. Auch für das Wanderreiten und als Westernpferde haben sie Talent. Aber ihre Paradedisziplin ist der Distanzsport. Dort sind sie die erfolgreichste Pferderasse überhaupt!

Vollblutaraber sind schlank mit kurzem Rücken und zeigen den typischen, konkaven „Hechtkopf".

Achal-Tekkiner
Goldene Himmelspferde

Aus Wüsten und heißen Steppen stammen auch die geheimnisvoll glänzenden Achal-Tekkiner. Diese außergewöhnlichen Pferde sind sogar das Wappentier ihres Heimatlandes Turkmenistan.

Die „Windhunde" unter den Pferden

Die schlanken Achal-Tekkiner haben viele Besonderheiten, von denen einige bei anderen Rassen sogar als Fehler im Körperbau gelten. Da sind zum Beispiel der schmale, sehr steil aufgerichtete „Hirschhals" oder die „kuhhessigen", nach außen zeigenden Hinterhufe. Ungewöhnlich sind auch die feine Mähne, der spärliche Schweif und ihr metallisch glänzendes Fell, das ihnen im alten China den Namen „goldene Himmelspferde" eingebracht hat.

Der schmale, sehr steil aufgerichtete Hals ist typisch für Achal-Tekkiner.

Tierische Extremsportler

Mit ihrem langen Rücken und den weit ausholenden Bewegungen sind die Achal-Tekkiner äußerst elegante Reitpferde. Sie gehen auch Pass und Tölt, besonders schnell und ausdauernd sind sie aber im Galopp. Darum starten sie in ihrer Heimat oft auf Pferderennen. Und in Europa zeigt sich, dass Achal-Tekkiner auch Talent für Distanz-Wettbewerbe und für Dressur-, Spring- und Vielseitigkeitsprüfungen haben. Die sensiblen, eigenwilligen Tiere brauchen aber einen erfahrenen Reiter, dessen Charakter gut zu ihnen passt.

STECKBRIEF

Stockmaß: 1,47 m bis 1,63 m

Farbe: Füchse, Braune, Rappen, Schimmel, Falben, Isabellen

Charakter: zuverlässig, freundlich, eifrig, starker Wille

Englische Vollblüter
Kämpfer mit großem Herzen

Manche kosten auf Auktionen mehrere Millionen Dollar, denn sie gelten als die schnellsten Pferde der Welt. Englische Vollblüter werden nur für einen einzigen Zweck gezüchtet: Galopprennen!

Fohlen königlicher Stuten

Um das Jahr 1700 schlug in England die Geburtsstunde dieser Hochleistungsrasse. Damals kreuzte man die drei berühmten „Gründer-Hengste" Byerley Turk (wohl ein Achal-Tekkiner), Darley Arabian (ein Araber) und Godolphin Barb (vermutlich ein Berber) mit Stuten aus dem Gestüt der englischen Könige. Weitere Hengste aus dem Orient folgten. Von Anfang an zielte die Zucht auf Schnelligkeit und Ausdauer.

Ehrgeizige Sportskanonen

Eigentlich spielt ihr Aussehen keine große Rolle. Trotzdem sind die Englischen Vollblüter mit ihren flachen, weiten Bewegungen sehr schöne Tiere. Sehr gute Spring-, Dressur- und Vielseitigkeitspferde können sie außerdem sein. Sie haben ein großes Kämpferherz und lernen schnell, brauchen aber einen ruhigen, erfahrenen Reiter.

Englische Vollblüter werden nur für einen Zweck gezüchtet: Galopprennen!

Englische Vollblüter sind sehr schöne Tiere.

STECKBRIEF

Stockmaß: 1,52m bis 1,73m

Farbe: Braune, Füchse, Rappen, selten Schimmel

Charakter: sehr ehrgeizig, sensibel, unruhig, temperamentvoll

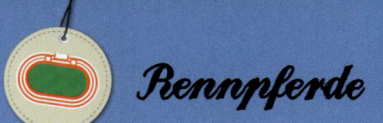
Anglo-Araber
Edle Sportler aus Frankreich

Vor etwa 150 Jahren machte man in Frankreich eine spannende Entdeckung: Wenn man Arabische und Englische Vollblüter kreuzte, wurden ihre Fohlen super leistungsfähige Reitpferde. So entstand die Rasse Anglo-Araber.

Vielseitige Turniercracks

Heute gibt es Anglo-Araber in ganz Europa, vor allem in Frankreich, England und Polen. Sie sind edle, schnelle, zähe Reitpferde mit einem starken, kurzen Rücken und weiten, flachen Gängen. Sie können sehr gut galoppieren und springen. Darum dienen sie in vielen Rassen als Veredler, um besonders schnelle, edle Fohlen zu züchten. Anglo-Araber starten in speziellen Galopprennen und sind prima Sportpferde, die besonders auf Vielseitigkeitsturnieren Erfolge feiern.

Ein eleganter Anglo-Araber-Hengst

Eine Stute mit Fohlen

Die Sache mit dem x

Auf dem Namensschild an der Box eines Pferdes und in seinen Abstammungspapieren kannst du manchmal ein **x** hinter seinem Namen lesen. Dieses Pferd ist ein Anglo-Araber. Hinter dem Namen eines Englischen Vollblüters steht **xx** und hinter dem Namen eines Vollblut-Arabers **ox**.

STECKBRIEF

Stockmaß: 1,55 m bis 1,65 m

Farbe: alle

Charakter: sensibel, sehr fleißig, ehrgeizig

Traber

Schnelle Renner, prima Reitpferde

Wenn sie loslegen, kann einem vor Staunen der Mund offen stehen bleiben. Die Traber stammen aus einer über 100 Jahre alten, weltweit verbreiteten Zucht mit phänomenalen Ergebnissen: Im Trab sind sie bis zu 50 Stundenkilometer schnell!

Beliebter Sport nach strengen Regeln

Trabrennen sind ein Publikumsmagnet: 15 große Rennbahnen gibt es allein in Deutschland. Bei solchen Veranstaltungen herrschen strenge Regeln: Nur sauber gelaufener Trab ist erlaubt. Sobald ein Pferd einen unreinen Trab geht oder in den Galopp oder den Passgang fällt, wird es aus dem Wettbewerb genommen.

Traberstute Foxi Freedom im leichten Trabtraining

Ein trainiertes Trab-rennpferd: schlank, hochbeinig und bildhübsch

Zuchtziel: schneller Trab

Deutsche Traber sind eine Rassemischung, die meisten ihrer Vorfahren sind amerikanische Standardbred-Traber. Weil das einzige Ziel ihrer Zucht Schnelligkeit im Trab ist, können sie im Körperbau verschieden sein. Es gibt eher kräftige Tiere, aber auch mittelschwere Pferde und leichte Vollblut-Typen. Aber alle haben eine sehr muskulöse Hinterhand, und die Hinterbeine greifen bei den meisten Pferden im Renntrab weit außen an den Vorderbeinen vorbei.

Gut zu reiten

Traber können auch tolle Reitpferde sein! Sie arbeiten nämlich gerne mit Menschen zusammen. Außerdem haben sie besonders starke Nerven, denn mit einem Pferd, das unter dem Erfolgsdruck eines Rennens „durchdreht", wird nicht gezüchtet. Sehr ausdauernd und super fleißig sind sie auch. Darum sind sie prima für Distanzreiter geeignet und gute Wander-Reitpferde. Das Tollste aber ist: Viele Traber haben Talent zu Pass und Tölt!

Für Reiter mit Spezialwissen

Beim Reiten muss man allerdings einiges beachten: Ehemalige Trab-Rennpferde brauchen eine neue, geduldige Ausbildung zum Reitpferd. Vor allem den Galopp und den Pass muss man ihnen sehr gründlich beibringen, schließlich wurden sie auf der Rennbahn dafür bestraft. Überhaupt sollte ein Traber einen erfahrenen Reiter haben, der genau weiß, was man früher von seinem Pferd verlangt hat. Das Zungenschnalzen etwa, mit dem man eigentlich nur ein bisschen treiben will, ist auf der Trabrennbahn das Kommando zum absoluten Durchstarten!

STECKBRIEF

Stockmaß: 1,45 m bis 1,75 m

Farbe: meistens Braune, einige Füchse, Rappen, Schimmel

Charakter: sensibel, temperamentvoll, viel Fleiß, freundlich, starke Nerven

Sportpferde
In der großen Welt des Turniersports

Träumst auch du davon, auf Reitturnieren zu starten, tolle Dressurlektionen vorzuführen oder riesig hohe Hindernisse zu überwinden? Im Sattel eines sportlichen Warmblutes kann sich dieser Traum erfüllen!

Vom Arbeitsgeschirr zum Turnierplatz

Warmblüter ... nein, der Name kommt ganz sicher nicht davon, dass diese Pferde ständig Fieber haben! Er bedeutet, dass sie, was ihr Aussehen und ihren Charakter betrifft, zwischen den schlanken, schnellen, sehr temperamentvollen Vollblütern und den schweren, starken, ruhigen Kaltblutpferden stehen. Trotzdem waren die Warmblüter vor allem Arbeitspferde, bis Traktoren und Autos ihren Siegeszug antraten. Erst in den letzten Jahrzehnten hat man diese Tiere zu schnellen, eleganten Sportpferden umgezüchtet, indem man sie mit leichten, edlen Rassen wie Englischen Vollblütern oder Trakehnern kreuzte.

Reiter und Pferd in einer Springprüfung

Lange dienten auch Warmblüter als Arbeitspferde, so wie dieses Gespann 1925.

Gewonnen! Shirin und ihr Pony Mary

Drei Fragen an ... Shirin Mader, neun Jahre, aus Beerfelden

Bei welchen Wettbewerben startest du?

Bei Reiterwettbewerben. Das sind Dressurprüfungen für Einsteiger.

Warum reitest du Turniere?

Ich bin mit Pferden aufgewachsen. Meine Eltern und ich waren uns immer einig, dass ich Turniere reiten werde.

Hast du Zukunftspläne?

Aber ja! Ich möchte Tierärztin werden oder auf einem Gestüt arbeiten. Und ich möchte einmal auf dem großen Reitturnier in Aachen starten.

Weltspitze!
Turnierpferde aus Deutschland

Wer hätte das gedacht? Nirgendwo werden so viele gute Dressur- und Springpferde geboren wie in Deutschland. Bei den Olympischen Spielen 2012 kam fast jedes dritte Pferd aus einer deutschen Zucht!

Der Holsteiner Schimmel-wallach Curason

Das freundliche Gesicht der Mecklenburger Warm-blutstute Dancing Soul

Holsteiner – auf dem Sprung in die ganze Welt

Schon vor 200 Jahren gab es in Holstein berühmte Luxus-Kutschpferde. Lange arbeiteten Holsteiner Warmblüter auch vor dem Pflug. Später waren sie, mit Englischen Vollblütern und Französischen Reitpferden gekreuzt, die Grundlage für die Zucht von Sportpferden. Die sind heute vor allem als Springpferde in der ganzen Welt heiß begehrt.

Mecklenburger – Erfahrung mit edlen Pferden

Edle Warmblüter aus Mecklenburg waren bereits vor 150 Jahren in halb Europa berühmt und begehrt. Heute gibt es in Mecklenburg eine kleine, aber feine Zucht von Sportpferden, die vor allem auf Springturnieren große Erfolge feiern.

Oldenburger – mit zwei Rassen zum Ruhm

Oldenburger Warmblüter waren ursprünglich recht schwere Arbeitspferde. Ihre Zucht stellte man nach 1960 auf Sportpferde um. Mit Erfolg! Der Verband der *Züchter des Oldenburger Pferdes* stand 2016 auf der weltweiten Rangliste für Dressurpferde auf Platz drei. Außerdem gibt es die *Oldenburger Springpferde*, eine eigene Rasse mit getrenntem Zuchtbuch. Die Züchter beider Verbände arbeiten eng zusammen.

Eine Oldenburger Stute bei einem Springturnier

Westfalen – in der Ruhe liegt die Kraft

Das drittgrößte Warmblut-Zuchtgebiet Deutschlands ist Westfalen. Dort sind die Züchter stolz auf die lange Liste mit Turniersiegern aus ihren Ställen, aber auch auf den vergleichsweise ruhigen Charakter ihrer Pferde. Die sind wegen ihrer Ausgeglichenheit nämlich oft gute Freizeitpferde.

Ein hübscher Westfälischer Wallach

Deutsche Sportpferde – Turniersieger aus Deutschlands Süden

Zur *Arbeitsgemeinschaft Süddeutscher Pferdezuchtverbände* gehören Warmblutzüchter aus Bayern, Baden-Württemberg, Rheinland-Pfalz und dem Saarland, aus Berlin-Brandenburg, Sachsen-Anhalt und Thüringen. Sie alle züchten Deutsche Sportpferde, die mit fast 12 000 Zuchtstuten die zweitgrößte Warmblut-Rasse in Deutschland sind. Und man feiert Erfolge: 2017 wurde Simone Blum mit der Deutschen Sportpferde-Stute Alice Deutsche Meisterin im Springreiten.

Hannoveraner
Das Pferd im Wappen

Das Wappentier Niedersachens ist ein steigendes Pferd. Wie passend! Die Hannoveraner Warmblüter sind nämlich mit Abstand die besten Sportpferde der Welt.

Land der Sieger

Mit der Zucht von edlen Pferden haben die Hannoveraner Züchter über 250 Jahre Erfahrung. Ihre mit Trakehnern und Englischen Vollblütern veredelten Warmblüter waren nach 1960 die Vorbilder für die aufblühende deutsche Sportpferdezucht. Heute stellen die Hannoveraner Pferde sowohl im Springen als auch in der Dressur und in der Vielseitigkeit Sieger in Serie. Beispielsweise erkämpften sie sich bei den Olympischen Spielen 2016 die Mannschafts-Goldmedaille und die Einzel-Bronzemedaille in der Dressur, wurden Olympiasieger in der Vielseitigkeit und Bronzemedaillen-Gewinner im Springen. Da ist es kein Wunder, dass bei Versteigerungen des Hannoveraner Verbandes die teuersten Pferde bis zu 1,2 Millionen Euro kosten.

Der Hannoveraner Wallach Winnetou in einer Dressurprüfung

STECKBRIEF

Stockmaß: 1,60 m bis 1,75 m

Farbe: Braune, Rappen, Füchse, Schimmel

Charakter: aufmerksam, sehr ehrgeizig, temperamentvoll, aber ausgeglichen

Die neuen Hannoveraner

Die Warmblut-Züchter aus Hessen und dem Rheinland haben sich mit dem *Hannoveraner Zuchtverband* zusammengeschlossen und bilden heute die Bezirksverbände *Hessen/Süddeutschland* und *NRW*.

Trakehner
Die Tapferen

Mit über 280 Jahren Zuchtgeschichte sind die Trakehner die älteste Reitpferde-Rasse Deutschlands. Um sie ranken sich mehr Mythen und Legenden als um jede andere Rasse. Trotzdem sind sie die einzigen deutschen Warmblüter, die bei uns kein festes Zuchtgebiet haben. Was ist passiert?

Überlebt!

Ostpreußen, das Stammland der Trakehner, gehörte lange zu Deutschland. Doch kurz vor dem Ende des II. Weltkrieges wurde es von russischen Soldaten besetzt. Viele Bewohner sind damals Richtung Westen geflohen; bei −25° Kälte mussten ihre Pferde schwer beladene Wagen täglich fünfzig Kilometer und mehr durch hohen Schnee ziehen. Nach ihrer Flucht waren viele Menschen fest davon überzeugt, dass sie ihr Leben nur ihren Pferden verdankten. Auf diese Weise kamen auch über 500 Trakehner nach Westdeutschland.

Besonderer Adel

Heute gehört Ostpreußen zu Polen und Russland. Dort züchtet man immer noch Trakehner. Aber auch in Deutschland wurde eine neue Zucht aufgebaut. Inzwischen sind die Trakehner die edelste deutsche Warmblut-Rasse, ihre große Stärke ist die Vielseitigkeit. Weil sie so ausdauernd sind, eignen sie sich aber auch als Distanzpferde.

Balou ist ein sympathischer Trakehner Wallach.

Ein wundervoller Trakehner Wallach

STECKBRIEF

Stockmaß: 1,60m bis 1,70m

Farbe: alle, selten auch Schecken und Stichelhaarige

Charakter: sehr fleißig und ehrgeizig, zuverlässig, charakterstark, gelegentlich schwierig

Französische Reitpferde
Geschenke des Himmels

Die Bedeutung der „Selles Français" kann man gar nicht hoch genug einschätzen, denn ohne die edlen Franzosen wäre auch die deutsche Pferdezucht nicht das, was sie heute ist.

Die Geburt einer neuen Rasse

Das Französische Reitpferd entstand im Jahre 1958. Damals fasste man alle Warmblüter Frankreichs in einer staatlichen Maßnahme zu einer einzigen Rasse zusammen. Dass man anschließend neben Englischen Vollblütern und Anglo-Arabern auch Französische Traber einkreuzte, war in der Sportpferdezucht zwar eine absolute Besonderheit, aber auch sehr erfolgreich.

Ein französischer Zuchthengst vor der noblen Kulisse des staatlichen Gestüts Saint Lô

Hengstparade des Gestüts Saint Lô

STECKBRIEF

Stockmaß: 1,55 m bis 1,75 m

Farbe: Braune, Rappen, Füchse, selten Schimmel

Charakter: temperamentvoll, aber ausgeglichen

Tolle Athleten

Denn diese Pferde haben es wirklich in sich: Elegant, schnell und mit einer besonders starken Hinterhand, gehören sie zu den besten und begehrtesten Spring- und Vielseitigkeitspferden der Welt. Sie haben auch die deutsche Pferdezucht geprägt: Zum Beispiel wurde Furioso II (* 1965) von Oldenburg aus zu einem der wichtigsten Deckhengste der deutschen Sportpferdezucht. Und in Holstein nannten die Züchter den Selle-Français-Hengst Cor de la Bryère (*1968) ein „Geschenk des Himmels"!

Schwedische Warmblüter
Tolle Dressurpferde

Bildhübsch, athletisch, mit angenehmem Wesen – die Schwedischen Warmblüter können sich sehen lassen. Und sie sind so erfolgreich, dass das schwedische Reiter-Olympiateam grundsätzlich nur Pferde aus dem eigenen Land einsetzt.

Eine lange Tradition

Schon seit vierhundert Jahren züchten die Schweden Reitpferde, lange hauptsächlich für ihre Armee. Heute sind ihre Warmblüter eine gelungene Mischung der traditionsreichen schwedischen Pferde mit Hannoveranern, Trakehnern und Englischen Vollblütern. Die Schwedischen Reitpferde sind recht kräftig, sie haben einen starken Rücken, eine muskulöse, für Sportpferde auffällig runde Kruppe und schwungvolle, weit ausholende Bewegungen.

Meredith Michaels-Beerbaum reitet ihren Schwedischen Schimmel bei den Olympischen Spielen 2016 in Rio.

STECKBRIEF

Stockmaß: 1,60m bis 1,70m

Farbe: Braune und Füchse, seltener Schimmel und Rappen

Charakter: fleißig, freundlich, ruhig, starke Nerven

Der Schwedische Hengst Björsells Briar zeigt höchstes Können in der Dressur.

Begehrte Turniersieger

Schwedische Warmblüter feiern vor allem als Dressurpferde international viele Siege und werden in alle Welt verkauft. Trotzdem versuchen die Züchter in den letzten Jahren, das Springtalent ihrer Pferde zu verbessern.

Einsiedler Warmblüter
Kulturschätze auf vier Beinen

Die Pferde aus dem Kloster Einsiedeln sind wirklich etwas ganz Besonderes. Die Abtei züchtet nämlich seit mindestens tausend Jahren Pferde und ist das älteste noch bestehende Gestüt Europas! Voller Stolz weisen die Mönche darauf hin, dass ihre Pferde wirklich nicht an jeder Ecke zu haben sind.

Herz und Charakter

Einsiedler Pferde ähneln am meisten den französischen Warmblütern. Dennoch sind sie für schwere Turnierprüfungen meistens nicht übermäßig begabt. Stattdessen sind sie ausdauernde Alleskönner mit stabilem Körperbau, einem recht langen Rücken und einer muskulösen Hinterhand. Ein typischer „Einsiedler" ist ein prima Freizeitpferd: ausgeglichen, gutmütig und mit einem riesengroßen Herzen. Für „seinen" Menschen geht er durchs Feuer!

Die stolze Stute Arista mit ihrem Fohlen Tiffany

SCHWEIZER WARMBLÜTER

Heute kann man die Einsiedler Pferde nicht mehr von den übrigen Schweizer Warmblütern unterscheiden. Die Pferde des Klosters waren nämlich die wichtigste Grundlage für die Reitpferde-Zucht ihres Landes. Darum nennt man die Schweizer Warmblüter auch „moderne Einsiedler".

STECKBRIEF

Stockmaß: 1,60m bis 1,75 m

Farbe: meistens Braune oder Füchse

Charakter: fleißig, freundlich, ruhig, geduldig, nicht nachtragend

Schweizer Warmblüter wie die Stute Lubaya gelten als äußerst gutmütig.

Deutsche Reitponys
Warmblüter im Kleinformat

Sportpferde für Kinder? Ja, die gibt es auch!
Mit den Deutschen Reitponys kannst du prima auf Turnieren starten.

Liebenswerte Partner

Die Idee, Sportponys für Kinder zu züchten, kommt ursprünglich aus Großbritannien. Doch seit etwa 60 Jahren tun es die Deutschen den Briten nach. Bislang hat man vor allem kleine einheimische Pferde, aber auch Welsh-Ponys, andere englische Ponys und Dülmener Wildpferde mit Arabern, Anglo-Arabern und Englischen Vollblütern gekreuzt. Das Ergebnis sind Warmblüter im Miniformat, die mit ihren hübschen, kleinen Köpfen und den großen, lebhaften Augen sehr liebenswert aussehen. Genau so ist ihr Charakter: Deutsche Reitponys sind zugleich ehrgeizig und unkompliziert, ausgeglichen und hellwach.

STECKBRIEF

Stockmaß: 1,38m bis 1,48m

Farbe: meistens Braune, Füchse, Rappen, Schimmel

Charakter: fleißig, zuverlässig, gelassen, starke Nerven

Dieser braune Reitpony-Hengst hat ganz viel Charme.

Wie die Großen! Eine Reitpony-Stute bei einer Dressurprüfung.

Turnierprüfungen für Kinder

Wettbewerbe für Kinder gibt es im Springen, in der Dressur und in der Vielseitigkeit für verschiedene Altersklassen. Sogar deutsche und europäische Meisterschaften finden statt.

Barockpferde
Wie Schlachtrosse zu Tänzern wurden

Sie sind die gefeierten Stars der Pferdeshows, für viele die Traumpferde schlechthin. Schon vor Jahrhunderten haben Kaiser, Könige und Fürsten Barockpferde gezüchtet – für den Krieg und für eine besonders kunstvolle Form des Reitens: die klassische Dressur.

Wie die klassische Dressur entstanden ist

In einem Kampf musste ein Pferd immer in Bewegung sein. Sobald es still stand, war es nämlich ein leichtes Ziel für die Gegner. Darum sprang es im Gefecht ständig hin und her, oder es galoppierte blitzschnell seitwärts. Aber auch auf adeligen Festen wollten die Reiter zeigen, was sie konnten. So haben sich aus den Kampfbewegungen der Pferde schwierige Dressurlektionen entwickelt, etwa die Piaffe, ein Trab auf der Stelle, oder die Galopp-Pirouette, ein Drehen um die Hinterhand im Galopp.

Die Wiedergeburt der klassischen Reitkunst

Gerade in den letzten Jahren bemühen sich immer mehr Reiter um die Traditionen der klassischen Dressur. Neue „Hofreitschulen" entstehen, in denen die Pferde der alten Rassen sogar die schwierigen Schulen über der Erde zeigen, zum Beispiel die Levade, ein kontrolliertes Steigen, oder die Capriole, einen Sprung, bei dem das Pferd mit der Hinterhand auskeilt.

Barockpferde wie dieser Lipizzaner sind gefeierte Stars in Pferdeshows.

Drei Fragen an Clara Staedtler, Schülerin in der Fürstlichen Hofreitschule Bückeburg

Wie bist du dazu gekommen, in der Fürstlichen Reitschule einen Teil deiner Ausbildung zur Pferdewirtin zu machen?

Am Anfang stand ein langes Praktikum, das sehr gut geklappt hat. Darum bin ich jetzt hier.

Was lernst du dort Besonderes?

Vor allem erfahre ich hier, wie feinfühlig und rücksichtsvoll ein Reiter mit seinem Pferd umgehen kann. Oft habe ich das Gefühl, als würde ich es nur mit meinen Gedanken lenken.

Hast du Zukunftspläne?

Wenn ich an der Fürstlichen Reitschule bleiben könnte, wäre ich sehr glücklich.

Was ein Barockpferd können muss

Pferde, die Talent für die klassische Dressur haben, sind sehr geschickt. Vor allem müssen sie sich gut versammeln können. Das heißt: Es fällt ihnen leicht, ihre starken Hinterbeine weit unter den Körper zu schieben und so die eher schwachen Vorderbeine zu entlasten.

Wie ein ideales Barockpferd aussieht:

häufig Ramsköpfe: Stirn und Nase bilden eine runde Linie

üppige, lange Mähne

kurzer Rücken: Rücken und Beine bilden im Verhältnis ein Quadrat

besonders starke, muskulöse, runde Hinterhand

kräftiger, hoch aufgerichtet getragener Hals

hohe Knieaktion: eher kurze, hohe Schritte

üppiger Schweif

STECKBRIEF

Stockmaß: 1,40m bis 1,60m

Farbe: oft Schimmel, auch Rappen, übrige Farben selten

Charakter: extrem cool, sanft, gehorsam, aufmerksam, temperamentvoll

Berberpferde
Für alles zu gebrauchen

Die Berberpferde aus Nordafrika sind wohl die wichtigste Gründerrasse der Barockpferde. Seit Jahrhunderten leben sie in ihrer Heimat ganz eng mit ihren Menschen zusammen. „Unsere Pferde sind anhänglich wie Hunde", sagen ihre Besitzer stolz.

Selbst in der Sahara kommen die zähen Berber zum Einsatz.

Besonders treue Freunde

Geschickt „wie Katzen" und trittsicher „wie Ziegen", arbeiten die Berberpferde bei uns in Europa vor allem als Freizeitpferde. Manche können sogar tölten! Die mutigen, fleißigen Tiere sind auch für den Westernsport und die klassische Dressur geeignet. Aber wo auch immer sie arbeiten, binden sie sich besonders stark an einen bestimmten Menschen. Für ihn geben sie wirklich alles. Doch sie sind auch sehr neugierig, und wenn sie sich langweilen, machen sie gerne Unsinn.

Zähe Überlebenskünstler

In ihren Heimatländern Algerien, Marokko und Tunesien müssen die Berberpferde schwer arbeiten. Trotz großer Hitze tragen sie ihre Reiter viele Kilometer über schwieriges Gelände, schleppen schwere Lasten, ziehen Pflüge und hoch beladene Karren. Oft können sich ihre Besitzer keinen Tierarzt leisten und ihnen nur wenig Futter geben. Darum sind ihre Pferde extrem hart im Nehmen.

Der Schimmel Tarek ist einer der wenigen Berber-Zuchthengste in Deutschland.

Andalusier
Märchenpferde aus Spanien

Mit Sicherheit gehören die eleganten Andalusier zu den Lieblingspferden der Barockreiter. Das Blut dieser freundlichen, sanften Tiere fließt in den meisten Pferderassen auf der ganzen Welt.

Pferde für alle Fälle

Die geschickten, mutigen Pferde aus Spanien sind seit mehr als tausend Jahren in ganz Europa heiß begehrt. Könige und Fürsten haben mit ihnen eigene Zuchten begründet. Heute heißen sie „Pferde reiner spanischer Rasse", kurz PRE, wenn sie im spanischen Zuchtbuch eingetragen sind. Weil sie blitzschnell reagieren und viel Cow Sense haben, setzt man sie in ihrer Heimat oft zum Rinderhüten ein. Aber man spannt sie auch gerne vor leichte Kutschen. Erfahrenen Freizeitreitern machen die sensiblen Pferde ebenfalls viel Freude. Und in der Königlich-Andalusischen Reitschule in Jerez de la Frontera dürfen sie zeigen, wieviel Talent für die klassische Dressur sie haben.

Der schwarze Cartujano-Hengst Pluto VIII ist Zuchthengst im Gestüt Haus Dohr in Altenburg.

CARTUJANOS

… sind eine besonders rein gezüchtete, edle Linie der PREs. Mit etwa 1,52 m Stockmaß sind sie etwas kleiner und leichter als die übrigen Andalusier.

STECKBRIEF

Stockmaß: 1,55 m bis 1,65 m

Farbe: häufig Schimmel, auch Braune, Rappen, Falben, selten Füchse

Charakter: gehorsam, absolut zuverlässig, klar im Kopf, energisch, hängen oft sehr an einem bestimmten Menschen

Ein leichter Ramskopf ist typisch für Lusitanos.

Lusitanos
Tapfere Stierkämpfer

Die portugiesischen „Geschwister" der Andalusier sind die Lusitanos. Weil sie auch für den Stierkampf gezüchtet werden, brauchen sie spezielle Talente.

Lusitanos sind freundlich, sanft und konzentrieren sich sehr auf ihre Reiter.

Echte Charakterpferde

In Portugal achten die Züchter besonders streng auf den Charakter: Ihre Lusitanos haben wahren Löwenmut und Nerven aus Stahl! Die sehr eifrigen Pferde konzentrieren sich extrem auf ihre Reiter und reagieren auf ihre leisesten Bewegungen so blitzschnell, als könnten sie Gedanken lesen. Cow Sense besitzen die Lusitanos natürlich auch, darum arbeiten sie oft als Hütepferde. Und weil ihre Gänge flacher als die von Andalusiern sind, eignen sie sich sogar für den modernen Dressursport. Für die klassische Dressur sind sie selbstverständlich ebenfalls begabt. Und für erfahrene Freizeitreiter sind diese sensiblen Pferde ein echter Geheimtipp.

STECKBRIEF

Stockmaß: 1,55 m bis 1,65 m

Farbe: oft Schimmel, auch Braune, Füchse, Palominos, Falben, Cremellos

Charakter: freundlich, sanft, sehr gehorsam, treu

ALTÉR-REAL

… heißt eine besondere Linie in der Lusitano-Zucht. Mit diesen Pferden arbeitet die staatliche „Portugiesische Schule der Reitkunst" in Lissabon-Belém. Altér-Real-Pferde unterscheiden sich ein wenig von den übrigen Lusitanos, sie sind zum Beispiel mit bis zu 1,62 m Stockmaß etwas kleiner, normalerweise sind sie braun, und sie machen höhere Schritte.

Lipizzaner
Die Helden der Spanischen Hofreitschule

Wer kennt sie nicht, die berühmten Hengste aus der Spanischen Reitschule in Wien? Sie sind beinahe zu Symbolen für die klassische Dressur geworden.

Ein kostbares Erbe

Die Rasse der Lipizzaner ist im Gestüt Lipica in Slowenien entstanden. 1580 befahl Kaiser Rudolf II. von Habsburg, dass man dort Parade-Reitpferde für seinen Hof züchten solle. Heute liefert das österreichische Bundesgestüt Piber die Hengste für die Spanische Hofreitschule. Die kräftigen, oft weißen Pferde haben nicht nur viel Talent für die klassische Dressur, sie sind auch gute Kutschpferde.

STECKBRIEF

Stockmaß: 1,48 m bis 1,62 m

Farbe: meistens Schimmel, selten Braune, Rappen, Füchse, Falben

Charakter: freundlich, mutig, oft überschäumendes Temperament

Lipizzanerhengst Neapolitano Romea 67/1 steigt auf Kommando!

Oh jeh, die Piaffe müssen wir noch üben!

Au weia, ist das schwer!

Die Spanische Hofreitschule in Wien

... ist keine Reitschule, wie du sie kennst. Dort pflegen sehr gut ausgebildete Reiter die klassische Dressur. Die Reitkunst der Spanischen Hofreitschule gehört sogar zum Weltkulturerbe der UNESCO.

Für erfahrene Reiter sind die sensiblen Tiere mit dem starken Willen durchaus geeignete Freizeitpferde.

Knabstrupper
Bunte Königspferde aus Dänemark

Noch sind die Knabstrupper eine seltene Pferderasse, aber sie finden immer mehr Freunde. Das liegt auch an ihrer besonderen Farbe, denn die meisten sind Tigerschecken.

Pferde mit Tradition

Lange haben die dänischen Könige Tigerschecken gezüchtet. Später wurde diese Tradition von Major Villars Lunn auf seinem Gestüt Knabstrup fortgesetzt, doch als seine Zucht vor über 100 Jahren erlosch, hätte das dieser einmaligen Rasse fast den Todesstoß versetzt.

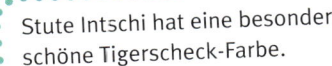

Stute Intschi hat eine besonders schöne Tigerscheck-Farbe.

STECKBRIEF

Stockmaß: vom Pony bis zum Großpferd

Farbe: meistens Tigerschecken, auch Weißgeborene und Einfarbige

Charakter: gelassen, gutmütig, besonders treu, sehr ehrgeizig

Gerettet!

Heute gibt es wieder einige Hundert Knabstrupper, allerdings in verschiedenen Typen und sogar als Ponys. Die Dänen züchten sie eher als Sportpferde, aber einige deutsche Züchter kämpfen darum, das alte Knabstrupper Barockpferd zu erhalten. Diese Pferde haben nämlich nicht nur eine ungewöhnliche Farbe. Ihre Eigenschaft, sich einem einzigen Menschen besonders eng anzuschließen und ihm ihr Leben lang treu zu bleiben, macht sie besonders liebenswert.

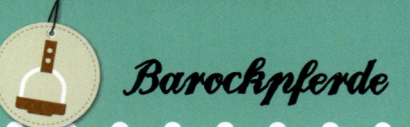
Alt-Kladruber
Lebende Denkmale

Die seltenen Kladruber aus Tschechien sind wirklich einmalig:
Sie gehören als erste und bisher einzige Pferderasse
zum Weltkulturerbe der UNESCO!

Kaiserliche Rösser

Auch die Rasse der Kladruber wurde vom deutschen Kaiser Rudolf II. begründet. Er war gleichzeitig König von Böhmen, das heute zu Tschechien gehört. Anno 1579 hat er dort das alte Pferdezucht-Zentrum Kladruby zu seinem kaiserlichen Hofgestüt bestimmt. Er ordnete an, dass man dort besonders große Gala-Kutschpferde für seinen Hof züchten solle – und so geschah es. Bis heute hat sich am Aussehen dieser Pferde kaum etwas geändert, und das Staatsgestüt Kladruby mit dem nahen Slatinany ist das Zentrum der einzigartigen Zucht geblieben.

Pferde für viele Gelegenheiten

Die ausdauernden Kladruber mit ihrem oft eher langen Rücken sind immer noch hauptsächlich Kutschpferde, sie starten sogar auf internationalen Fahrturnieren. Doch die majestätischen Tiere mit den beeindruckenden Ramsköpfen eignen sich auch für die klassische Dressur. Wegen ihres freundlichen, ausgeglichenen Wesens sind sie außerdem prima Therapiepferde, und auch Freizeitreiter haben viel Freude mit ihnen.

Kladruber sind beliebt als Kutschpferde.

Kladruber sind häufig Rappen.

STECKBRIEF

Stockmaß: 1,58m bis über 1,70m

Farbe: nur Schimmel und Rappen

Charakter: ruhig und gehorsam

Friesen
Pferdestars aus den Niederlanden

Die kräftigsten Vertreter der Barockpferde sind die Friesen.
Wenn die imposanten Rappen mit der besonders hohen Knieaktion
den Showring betreten, lösen sie wahre Begeisterungsstürme aus!

Eine friesische Tradition

Friesland, die Provinz im Norden der Niederlande, ist seit Jahrhunderten für ihre starken Pferde bekannt. Im Mittelalter nannte man ein kräftiges Schlachtross oft „Fries", egal woher es kam. Heute gehören die imponierenden Tiere immer noch fest zur friesischen Kultur; etwa 60 000 Pferde sind im königlichen niederländischen Friesenpferde-Stammbuch eingetragen.

Hengst Sam zeigt eine hohe Knieaktion – typisch Friese.

Hengst Jörrit macht den Spanischen Schritt aus der klassischen Dressur.

Imponierende Traumpferde

Mit ihrem aufsehenerregenden Trab, ihren dichten, langen Mähnen und dem starken Köten-behang sind die Friesen wahre Traumpferde. Eigentlich sind sie eher Kutschpferde, darum haben sie oft einen etwas längeren Rücken. Aber sie eignen sich auch für die klassische Dressur, und wegen ihres friedlichen Charakters sind sie prima Freizeitpferde.

STECKBRIEF

Stockmaß: 1,55 m bis 1,75 m

Farbe: nur Rappen ohne weiße Abzeichen

Charakter: zuverlässig, geduldig, sanft

Camarguepferde
Frei lebende Kämpfernaturen

Weil sie frei in der Camargue, einem Sumpfgebiet im Süden Frankreichs, leben, gehören sie zu den besonders widerstandsfähigen Barockpferden. Die kleinen Schimmel müssen mit großer Hitze im Sommer, mit dem kalten, feuchten Moorboden und mit häufigem, starkem Wind zurechtkommen.

Freiheit seit Jahrhunderten

Seit unzähligen Generationen streifen die Stuten und ihre Fohlen frei in der Camargue umher. Um im Moor zu überleben, können sie sogar mit den Nüstern unter Wasser grasen. Bis heute nehmen die Menschen nur Einfluss auf die Rasse, indem sie im Frühjahr ausgesuchte Zuchthengste zu den Herden lassen.

Tolle Freunde

Mit ihren Reitern, den Guardians, hüten die weißen Pferde die schwarzen Camarguestiere. Darum sind sie geschickt und sehr mutig, haben schnelle Reaktionen und viel Cow Sense. Aber die Camarguepferde eignen sich auch für die klassische Dressur und für Freizeitreiter sind sie ausdauernde, trittsichere, zuverlässige und gehorsame Gefährten.

STECKBRIEF

Stockmaß: 1,35 m bis 1,50 m

Farbe: Schimmel

Charakter: bei der Arbeit hellwach und lebhaft, sonst total ruhig und entspannt

Camarguepferde werden zum Stierehüten eingesetzt.

Das feine Gesicht eines Camarguepferdes

Gangpferde
Wie auf Wolken schweben

Pferde gehen nur Schritt, Trab und Galopp – oder etwa nicht?
Weit gefehlt! Es gibt auch noch den Pass und den extrem bequemen Tölt.

Vergessene Fähigkeiten

In Wirklichkeit ist es eine mitteleuropäische Besonderheit, dass Reiter nur die drei „Grundgangarten" kennen. In den meisten anderen Regionen der Welt gibt es viele Pferde, die mindestens tölten und vielleicht auch Pass gehen können. Auch in Europa waren solche Tiere beliebt, bis man vor mehr als 500 Jahren die gefederten Kutschen erfand. Weil Pferde im Tölt oder Pass beim Kutscheziehen nicht so viel leisten können, züchtete man ihnen diese Gangarten kurzerhand ab.

Weltweit gehen viele Pferde den für Reiter bequemen Tölt.

Wie der Passo Peruano-Hengst Soberbio beherrschen in Südamerika viele Pferde den Tölt.

Andere Länder, andere Sitten

Vor allem in Gegenden, in denen es nur wenige befahrbare Straßen gibt, sind die töltenden „Gangpferde" immer noch beliebt. Dort legen die Reiter auf Trab und Galopp oft gar keinen Wert! Aber auch bei uns gibt es heute wieder viele Gangpferde-Fans. Sie importieren aus „aller Herren Länder" die spannendsten Rassen und entdecken sogar in manch einem einheimischen Pferd eine versteckte Begabung zum Tölten.

Zwei Fragen an Carina Klaußner, Gangpferde-Reiterin:

Warum hast du auf einem Islandpferde-Gestüt reiten gelernt?

Ich habe einen guten Reitlehrer gesucht und bin auf das Gangpferde-Gestüt gestoßen.

Was war dort besonders?

Ich habe gelernt, Tölt und Pass zu reiten, außerdem ganz viel über Islandpferde und wie sie in ihrer Heimat leben. So bin ich eine leidenschaftliche Islandpferde-Freundin geworden.

Die „besonderen" Gangarten

Im *Pass* berührt ein Pferd mit beiden Beinen einer Körperseite gleichzeitig den Boden. Wenn es dabei eher langsam geht, wiegt es seinen Reiter sanft hin und her. Anders beim Rennpass! Dann gibt es zwischen dem Auftreten nämlich eine Flugphase, und der Reiter wird ordentlich durchgeschüttelt.

Fußfolge Pass

Der *Tölt* ist eigentlich die schnell gelaufene Gangart Schritt: Das Pferd setzt zunächst seinen vorderen linken Huf auf, dann den hinteren rechten Huf. Es folgt der vordere rechte Huf, danach der hintere linke Huf. Weil immer mindestens ein Huf den Boden berührt, rüttelt es seinen Reiter nicht durch. Trotzdem kann es beim Tölten fast Galopp-Geschwindigkeit erreichen. Je nach der Herkunft des Pferdes gibt es den Tölt in verschiedenen Varianten, die unterschiedliche Namen haben können.

Fußfolge Schritt und Tölt

Gangpferde wie dieser Pass gehende Hengst waren schon bei den Rittern im Mittelalter heiß begehrt.

Islandpferde
Die Ponys von der rauen Insel

Denkst du beim Stichwort „Tölt" auch sofort an Islandponys? Kein Wunder! Schließlich werden die kräftigen, kleinen Pferde inzwischen in ganz Europa und in Amerika gezüchtet.

Islandponys sind hart im Nehmen. Nur so halten sie den schwierigen Lebensbedingungen in ihrer Heimat stand.

Echte Gefährten

Islandpferde sind tolle Partner und richtige Familienpferde. Absolut geländesicher tragen sie ihre Reiter auf tagelangen Wanderritten; ehrgeizig und selbstbewusst nehmen sie Töltprüfungen und Passrennen in Angriff. Und am nächsten Tag gehen sie in aller Ruhe mit Kindern spazieren.

Isländer wie Wallach Vinur sind recht klein und stämmig, mit langen, dichten Mähnen und Schweifen.

Überlebenskünstler

Als die ersten Siedler vor über 1000 Jahren nach Island kamen, hieß es für ihre Pferde vor allem: überleben! Das war auf dieser kalten, windumtosten Insel nahe am Polarkreis gar nicht so einfach. Doch die Islandpferde haben sich diesem Klima angepasst. Darum sind sie recht klein, extrem robust, sehr ausdauernd und oft stämmig, mit eher kurzen Beinen und langen, dichten Mähnen und Schweifen. Gleichzeitig sind sie erstaunlich stark: In Island tragen sie sogar über zwei Meter große Männer! Wenn dort die Bauern zu Pferd ihre Schafherden zusammentreiben, können sie sich sogar auf steinigem oder rutschigem Boden blind auf ihre selbstständigen Ponys verlassen.

STECKBRIEF

Stockmaß: 1,35 m bis 1,50 m

Farbe: alle außer Tigerschecken

Charakter: sehr zuverlässig, starke Nerven, fleißig, temperamentvoll

Arravanis
Die Vielseitigen aus Griechenlands Bergen

Dass es sie in Deutschland gibt, verdanken die Arravanis einer Rettungsaktion. In ihrer Heimat sind sie nämlich vom Aussterben bedroht! Dabei haben die hübschen kleinen Pferde jede Menge zu bieten.

Überlebenskampf

In Griechenland erledigen die zierlichen Ponys einfach alles, ziehen Pflug und Wagen oder schleppen schwere Lasten über steile Pfade. Außerdem machen sie es ihren Reitern oft im Tölt oder Pass bequem. Trotzdem leben in Griechenland nur noch wenige Hundert Arravanis. Zum Glück gibt es in Deutschland einige Pferdefreunde, die sie gezielt als Gangpferde züchten!

Eine junge Arravani-Stute

Echte Alleskönner

Mit ihrem kurzen Rücken, der üppigen, manchmal lockigen Mähne und den großen Augen sind die Arravanis kleine Schönheiten. „Kuhhessige" Hinterbeine, deren Hufe nach außen zeigen, sind rassetypisch. Arravanis sind robust, trittsicher und ausdauernd. Darum eignen sie sich für Wanderritte und zum Distanzreiten, aber auch zum Western- und sogar zum Dressurreiten. Doch vor allem sind sie echte Familienpferde, die erwachsene Männer tragen, sich aber auch von Kindern leicht reiten lassen. Denn ein richtiger Arravani hat Nerven wie Drahtseile und Durchgehen kennt er nicht!

STECKBRIEF

Stockmaß: 1,35 m bis über 1,50 m

Farbe: Füchse, Braune, Rappen, Schimmel

Charakter: ruhig, sehr freundlich

Diese 27 jährige Stute kam als erste Arravani in Deutschland zur Welt.

American Saddlebreds
Elegante Showstars

In ihrer Heimat, den USA, sind die American Saddlebreds berühmt!
Die Gründe sind ihre extravagante Schönheit, ihre spektakulären
Bewegungen und die Tatsache, dass sie mit dem langsamen „Slow gait"
und dem rasanten „Rack" gleich zwei Varianten des Tölt beherrschen.

Edel und empfindsam

Die eleganten, stark vom Englischen Vollblut geprägten Saddlebreds sind in den USA vor allem
Showpferde. Wegen ihrer Freundlichkeit, ihres
Gehorsams und ihrer Ausdauer eignen sie sich
aber auch prima zum Kutschefahren, zum Freizeitreiten und sogar als Dressurpferde. Allerdings
brauchen sie einen ruhigen Reiter, der Verständnis
für ihren sensiblen Charakter hat.

Unvergesslicher Charme

American Saddlebreds sind leicht gebaut. Ihr
extrem hoch aufgesetzer Hals und ihre großen
Augen, aber auch der lange, hoch getragene
Schweif und ihre aufsehenerregenden Bewegungen sorgen für ihren fast exotischen Charme.
Wer einmal ein Saddlebred im Tölt gesehen hat,
wird es mit Sicherheit nie wieder vergessen!

Die langbeinigen, schlanken
American Saddlebreds haben
einen fast exotischen Charme.

Stute mit Fohlen

STECKBRIEF

Stockmaß: 1,51m bis 1,63m

Farbe: alle, oft Füchse,
Braune, Rappen

Charakter: freundlich, sehr
gehorsam, hochsensibel

Mangalarga Marchadores
Freundliche Alleskönner aus Südamerika

In Europa kennen sie nur wenige. Dabei sind die Mangalarga Marchadores die drittgrößte Pferderasse der Welt; allein in ihrem Heimatland Brasilien gibt es fast 390 000 Zuchtpferde!

Mangalarga Marchadores sind Gangpferde mit südamerikanischem Temperament.

Mangalarga Marchadores gibt es in vielerlei Färbungen.

STECKBRIEF

Stockmaß: 1,45 m bis 1,57 m

Farbe: alle, oft Schimmel

Charakter: ausgeglichen, mutig, fleißig

Leichtfüßige Langstreckenläufer

Die Heimat der Mangalarga Marchadores ist teilweise sehr dünn besiedelt. Darum hat man sie dafür gezüchtet, lange Strecken in schwierigem Gelände bequem zurückzulegen. Die spezielle Gangart dieser ausdauernden, trittsicheren Distanz- und Wanderreitpferde ist die töltähnliche, fast schwerelos wirkende Marcha, bei der immer mindestens zwei Hufe den Boden berühren. Der Trab ist bei den Brasilianern dagegen überhaupt nicht erwünscht.

Von Western bis Klassik

Mit ihren schlanken Beinen, einem muskulösen Hals, dem kurzen, kräftigen Rücken und der runden, starken Kruppe haben die Mangalarga Marchadores ein stolzes Aussehen. In Brasilien arbeiten sie auch als wendige, schnelle Hütepferde. Talent für die klassische Dressur haben sie obendrein. Und weil sie so sanft und gehorsam sind, eignen sie sich sehr gut als Therapie-, Familien- und Freizeitpferde, auf denen sich sogar Reitanfänger sicher fühlen können.

Paso Peruanos
Mit Termino und ganz viel Brio

Das bequemste Pferd der Welt! So lautet das erklärte Ziel der Paso-Peruano-Züchter. Das Resultat sind sehr hübsche Pferde mit ganz speziellen Eigenschaften.

Besondere Bewegungen

In ihrer Heimat tragen die Paso Peruanos oft reiche Großgrundbesitzer, die ihre riesigen Landgüter zu Pferd besichtigen. Häufig sind sie mehrere Tagesreisen über steinige Wege unterwegs, und dann gehen sie ausschließlich ihren speziellen Tölt, den Paso Llano mit weiten, flachen Schritten. Ihre absolute Besonderheit ist der *Termino*, eine Bewegung, die bei jedem Schritt aus der Schulter nach außen schwingt. Der Galopp ist in Peru unwichtig, Traben gilt sogar als Fehler.

Zuchthengst Pepino hat die bei den Paso Peruanos bevorzugte Fuchsfarbe.

STECKBRIEF

Stockmaß: 1,42 m bis 1,55 m

Farbe: alle außer Schecken, Füchse ohne Abzeichen bevorzugt

Charakter: freundlich, aufmerksam, temperamentvoll, sehr sensibel, starke Nerven

Diese Paso Peruano-Stute ist eine echte Schönheit.

Tolle Pferde für viele Gelegenheiten

Eine typische Charakter-Eigenschaft der Peruanischen Pasos ist der „Brio": Eifer gepaart mit Energie und der Freude, sich zu präsentieren. Feurig, sensibel und gelassen zugleich, sind sie prima Freizeitpferde, ausdauernde Wanderreitpferde und ehrgeizige Partner für Gangpferde-Turniere. Sie lernen sehr gut Zirkustricks, können aber auch als Therapiepferde arbeiten. Wenn sie verständnisvolle Besitzer haben, geben sie für „ihre" Menschen nämlich alles!

Tibetische Gebirgsponys
Extrembergsteiger im Himalaya

Sie leben im höchsten Gebirge der Welt.
Und dort leisten die kleinen Pferde Unglaubliches!

Meister im Klettern

Wie ihre Verwandten, die Mongolenpferde, sind die Tibetischen Gebirgsponys meistens struppig und gedrungen. Auch die ungeheure Leistungsfähigkeit ihrer „Vettern aus der Steppe" haben sie sich bewahrt: Die kräftigen, oft kurzbeinigen Ponys schleppen Gepäck von über 100 kg die schmalen, steilen Bergpfade hinauf. Aber die Luft in großen Höhen enthält sehr wenig Sauerstoff; ab 4000 Metern droht die Höhenkrankheit, die sogar tödlich enden kann. Trotzdem klettern die tibetischen Pferdchen mit ihren schweren Lasten bis zu 5500 Meter hoch!

Überleben im Gebirge

Die Gebirgsponys haben oft einen kräftigen Hals, eine breite Brust, wenig Widerrist und eine muskulöse Hinterhand. Ganz selbstverständlich beherrschen sie Tölt und Pass. Doch vor allem sind sie sehr ausdauernd und widerstandsfähig. Im Winter ertragen sie heftige Stürme und extreme Kälte bis zu -40°C. Und ihre Trittsicherheit ist phänomenal! „Lass einfach das Pferd machen, dann bist du sicher", sagen die Tibeter, die ihre Ponys sehr lieb haben und ganz eng mit ihnen zusammenleben.

STECKBRIEF

Stockmaß: 1,10 m bis 1,45 m

Farbe: alle

Charakter: sehr selbstbewusst, selbstständig, hängen extrem an ihren Besitzern

Tibetische Ponys sind sehr trittsicher.

Hütepferde und Westernreiten
Vom Wilden Westen bis Australien

In wildem Galopp über die Prärie stürmen, eine Herde Rinder treiben, mit dem Lasso in der Hand in den Sonnenuntergang reiten – ist das auch dein heimlicher Wunsch? Dann findest du rund um den Globus erstaunlich viele Pferde, mit denen dieser Traum wahr werden kann!

Arbeitskollege Pferd

In Europa ist das Westernreiten längst zu einem populären Sport geworden. Eigentlich gehört es aber zur harten Arbeit beim Ranching. Das ist eine besondere Art der Viehhaltung, bei der reitende Hirten große Herden von Schafen oder Rindern hüten. Sogar heute noch kann man dabei absolut nicht auf Pferde verzichten. Und das Ranching gibt es nicht nur in den USA, sondern auch in vielen anderen Ländern der Welt, sogar in Europa.

COW SENSE

… ist das besondere Talent eines guten Hütepferdes. Es gerät in der Unruhe und Enge einer Rinderherde nicht in Panik, sondern beobachtet die Tiere in aller Ruhe. Oft kann es ihre Aktionen sogar voraussehen und verhält sich richtig, ohne auf eine Hilfe seines Reiters zu warten.

Ein Hütepferd muss die Bewegungen des Rindes vorausahnen.

Vierbeinige Spezialisten

Bis zu 16 Stunden am Tag sitzt ein Rinderhirte im Sattel. Viel Kraft kann er darum nicht ans Reiten verschwenden. Die Zügel hält er nur in einer Hand, weil er in der anderen ein Lasso oder eine lange Stange hat. Überhaupt sind die Ansprüche an sein Pferd riesengroß: Es muss katzenartig geschickt sein und blitzschnell reagieren. Außerdem braucht es viel Ausdauer und jede Menge Intelligenz, denn es muss schnell erkennen, auf welches Rind sein Reiter es abgesehen hat. Danach arbeitet es oft völlig selbstständig weiter.

Drei Fragen an Chiara Bayer, 14 Jahre, Westernreiterin

Warum reitest du Western?

Ich habe in einem normalen Reitstall angefangen. Aber mein erstes Pferd war ein Appaloosa-Mix. Seitdem bin ich Westernreiterin.

Was ist am Westernreiten anders?

Es ist lockerer und das Pferd darf mehr selber machen.

Hast du Zukunftspläne?

Ich werde bald Westernturniere reiten. Und ich träume von einer Ranch mit vielen Westernpferden.

Geschicklichkeit ist oberstes Gebot für Hütepferde, auch beim Rennen um die Tonnen.

Ein typisches US-amerikanisches Westernpferd:

nicht zu hoch angesetzter, muskulöser Hals

breite Stirn

kurzer, starker Rücken

ausgeprägter Widerrist

extrem muskulöse Kruppe

ausgeprägte Ganaschen

Stockmaß nicht über 1,60m

tiefe, sehr muskulöse Brust

American Quarter Horses
Ein amerikanischer Traum

Muskulös, wendig, absolut cool – die Quarter Horses sind nicht nur ideale Cowboypferde, sondern auch die zahlenmäßig größte Pferderasse der Welt. Inzwischen sind sie sogar in Europa beliebt und begehrt.

Stute Penny hat die bei Quarter Horses häufige Fellfarbe „buckskin".

Ein Teil der US-amerikanischen Geschichte

Seit der Wilde Westen erobert wurde, sind die Quarter Horses die von Mythen umwobenen Partner der Cowboys. Gleichzeitig sind sie die beliebtesten Rennpferde der USA! Ihre Spezialdisziplin, das Viertelmeilen-Rennen über ca. 400m, haben schon die frühen Siedler veranstaltet. Damals fand es oft auf der Hauptstraße eines Ortes statt, aber heute sind diese Wettbewerbe längst ein Millionengeschäft.

Stark, schlau, selbstständig

Ein typisches Quarter Horse ist das Idealbild eines Westernpferdes. Seine extrem starke Hinterhand ist der Hauptgrund für seine enorme Schnelligkeit im Sprint. Überhaupt sind Quarter Horses oft wahre Muskelprotze. Beliebt sind sie auch wegen ihres ruhigen, freundlichen Wesens, das sie zu prima Pferden für Familien und Anfänger macht. Gleichzeitig sind sie so sensibel und selbstständig, dass sie den Willen ihres Reiters oft im Voraus erkennen und selbst schwierige Aufgaben fast in Eigenregie lösen.

STECKBRIEF

Stockmaß: 1,45m bis 1,65m

Farbe: alle außer Schecken

Charakter: gelassen, gutmütig, selbstständig, feinfühlig

Zuchthengst Fritz Power verkörpert das Idealbild eines Westernpferdes.

Paint Horses
Die gescheckten Cowboypferde

Die bunten Vettern der Quarter Horses sind die Paint Horses.
Ihre besondere Farbe macht jedes dieser Pferde absolut unverwechselbar.

Coco ist eine prächtige
Paint Horse-Zuchtstute

Bunte Quarters, einfarbige Paints

Weil die Züchter der Quarter Horses gescheckte Pferde nicht in ihr Zuchtbuch eintragen, haben Schecken-Liebhaber in den USA eine neue Rasse geschaffen: die Paint Horses. Dafür haben sie gescheckte Pferde mit Quarter Horses und Vollblütern gekreuzt. Ihre „Paints" sind hundertprozentige Westernpferde, die in allen charakterlichen und körperlichen Eigenschaften den Quarter Horses ähneln – außer in der Farbe. Die macht die Geburt eines Paint-Horse-Fohlens für einen Züchter noch spannender, denn er fragt sich die ganze Zeit: Wie wird es aussehen?
Doch was passiert, wenn das neu geborene Pferdchen einfarbig ist? Ein Quarter Horse kann es nicht werden, denn unter seinen Vorfahren sind auch die rassefremden, gescheckten Pferde. Darum bekommt es Abstammungspapiere als einfarbiges („solid bred") Paint Horse.

Pintos

... sind weder Westernpferde noch eine echte Rasse. Stattdessen sind sie eine Farbzucht, denn sie müssen immer Plattenschecken sein. Es gibt verschiedene Untergruppen, etwa Araber-Pintos, Barock-Pintos oder Pinto-Hunter, die gescheckten Warmblüter.

STECKBRIEF

Stockmaß: 1,42m bis 1,58m

Farbe: meistens Plattenschecken, auch Einfarbige, keine Tigerschecken

Charakter: cool, gutmütig, unabhängig, empfindsam

Appaloosas –
die bunten Indianerpferde

Es geschah vor etwa 300 Jahren: Als die Nez-Percé-Indianer zum ersten Mal auf Pferde trafen, wurden sie innerhalb kurzer Zeit zu berühmten Pferdezüchtern. Sie sollen sogar die Rasse der Appaloosas begründet haben.

Ein Volk von Pferdefreunden

An dieser Geschichte könnte etwas Wahres dran sein. Denn für die Nez Percé, die im Nordwesten der USA lebten, war die bunte Fellfarbe ein Schönheitsideal ihrer Pferde. Außerdem waren sie die einzige indianische Nation, die systematisch Pferde züchtete. Ihre Kinder lernten schon mit drei Jahren das Reiten, manche ließen sich sogar mit ihrem Lieblingspferd begraben.

Schönheiten mit Flecken

Heute sind die Appaloosas richtige Westernpferde mit kurzem, kräftigem Rücken, vielen Muskeln, einer sehr starken Hinterhand, Gelassenheit und Cow Sense. Das absolut Besondere ist ihre Farbe, denn die meisten Appaloosas sind Tigerschecken. Auch die wenigen einfarbigen Tiere haben typische Merkmale, nämlich gefleckte Haut, gestreifte Hufe und „Menschenaugen", bei denen man die helle Lederhaut um die dunklen Augäpfel sieht.

Appaloosas wie die Stute Roman's Child haben immer „Menschenaugen" und gefleckte Haut.

Die ausdrucksvolle Zuchtstute LR Mighty Savannah

STECKBRIEF

Stockmaß: 1,42 m bis 1,65 m

Farbe: alle außer Plattenschecken, meistens Tigerschecken

Charakter: sehr ruhig und gutmütig, starke Nerven, sensibel, selbstständig

Australian Stock Horses
Westernpferde vom anderen Ende der Welt

Sie sind die australischen Kollegen der Quarter Horses. Mit den Stockmen, den australischen Cowboys, hüten sie Herden von Schafen und Rindern, denn auch in Australien gibt es Ranches – und das nicht zu knapp!

In einem weiten Land

Sogar die größte Ranch der Welt, die Anna Creek Station mit einer Fläche von der Größe Mecklenburg-Vorpommerns, liegt in Australien. Auf solch riesigen Besitzungen arbeiten die Stock Horses, eine Kreuzung der einheimischen Waler-Pferde mit Quarter Horses und Englischen Vollblütern.

Eine Stute mit ihrem Fohlen

STECKBRIEF

Stockmaß: 1,45 m bis 1,60 m

Farbe: fast nur Braune und Füchse

Charakter: ruhig, mutig, eifrig, selbstständig

Richtige Australier

Die Stock Horses sind perfekt an das extreme Klima Australiens angepasst und kommen erstaunlich gut mit Futter- und Wassermangel zurecht. Äußerlich ähneln sie eher Quarter Horses oder englischen Vollblütern, und sie besitzen alle Eigenschaften, die ein gutes Hütepferd haben muss: Geschicklichkeit, Trittsicherheit, schnelle Reaktionen, ein cooles Gemüt und Cow Sense. Ihre Besonderheit ist, dass sie oft auch eine sehr gute Begabung als Dressur- und Springpferde haben. Prima Freizeit- und Wanderreitpferde sind sie außerdem.

Criollos
Die Tapferen aus Südamerika

„Bewundere den Großen, aber reite den Kleinen", sagen die Gauchos, die Rinderhirten in Südamerika. Tatsächlich sind ihre Pferde, die Criollos, nicht besonders groß. Aber was Mut, Zähigkeit und Ausdauer angeht, schlagen sie andere Rassen um Pferdelängen!

Criollos können wirklich alle Farben haben.

Klein und stark

Die Criollos leben in der Pampa, einer Grassteppe im Südosten Südamerikas. Mit ihrem eher langen, aber starken Rücken, der breiten Brust, einer runden, muskulösen Kruppe und sehr gesunden Beinen haben sie jede Menge Kraft und sind allen Härten ihres Arbeitslebens gewachsen.

STECKBRIEF

Stockmaß: unter 1,40 m bis 1,52 m

Farbe: alle

Charakter: eifrig, unkompliziert, scheuen kaum, schließen sich eng an einen bestimmten Menschen an

Nerven aus Stahl!

Beim Hüten der halbwilden Rinder geht es in der Pampa mächtig zur Sache. Die Criollos drücken die mit spitzen Hörnern bewehrten Tiere sogar gegen Zäune, und manchmal klemmen zwei Pferde ein eigensinniges Rind zwischen sich ein, um es in eine bestimmte Richtung zu führen. Dafür braucht ein Pferd wahren Heldenmut! Klar, dass man die tapferen Criollos in Europa gerne als Freizeit- und Wanderreitpferde einsetzt. Aber auch als Westernpferde werden sie immer beliebter; inzwischen feiern sie sogar in hochklassigen Western-Wettbewerben Erfolge.

Maremmanos
Aus dem „wilden Süden" der Toskana

Seit Jahrhunderten leben diese Pferde in den Sümpfen der italienischen Maremma. Sie sind der Stolz der Butteri, die auf ihrem Rücken die langhörnigen Maremmaner Rinder hüten.

Ursprünglich und robust

Die Maremma, ein sumpfiger Küstenstreifen nördlich von Rom, verlangt ihren Bewohnern einiges ab: Dort herrscht starker Wind und im Sommer große Hitze; das Süßwasser der Flüsse mischt sich mit dem Salzwasser des Meeres. Darum sind die Maremmanos sehr zähe, recht ursprüngliche Pferde, die mit jedem Wetter klarkommen.

Seltene Schätze

Die kompakten Pferde mit ihren Ramsnasen, dem eher kurzen, hoch aufgesetzten Hals, einer breiten Brust, einem kurzen Rücken und dichten Mähnen und Schweifen ähneln am meisten Barockpferden. Trotzdem haben sie alles, was ein Hütepferd braucht, nämlich Kraft, Geschicklichkeit, Trittsicherheit, Ausdauer und einen ausgeglichenen Charakter. Das macht sie zu tollen Freizeit- und Wanderreitpferden, auf die sich sogar unerfahrene Reiter verlassen können. Umso trauriger ist, dass ausgerechnet die Maremmanos auf der Liste der vom Aussterben bedrohten Haustierrassen stehen. Zum Glück wächst ihre Zahl wieder!

Maremmanos gehören zu den bedrohten Haustierrassen.

Als Hütepferde können Maremmanos ihre Stärken voll ausspielen.

STECKBRIEF

Stockmaß: 1,60 m bis 1,75 m

Farbe: Braune, auch Rappen, selten Schimmel

Charakter: geduldig, sanftmütig, starke Nerven, großzügig, mutig, eifrig

Sieger! Lilly Platen mit Shire Horse Moonlight Victor auf einer Pferdeschau.

Schwere Pferde
Freude in XXL

Viele Jahre lang sah es so aus, als wäre der Untergang der alten Arbeitspferde-Rassen besiegelt. Aber inzwischen erkennen immer mehr Menschen: Die schweren Pferde haben massenweise Qualitäten!

Im Märzen der Bauer

Zur Zeit deiner Urgroßeltern waren die starken Pferde der Stolz jedes Bauern! Aber bei der Feldarbeit mussten sie schwer schuften; immer wieder haben sie dabei fast unglaubliche Härten weggesteckt: Manchmal blieben die Räder eines schweren Wagens im Matsch stecken, gelegentlich wurde ein Pferd sogar in schwierigem Gelände von seinem steifen Karren umgerissen! Doch was auch passierte, ein gutes Arbeitspferd schüttelte sich und arbeitete tapfer weiter.

Von wegen verschlafen!

Unerschütterliche Ruhe zeichnet viele Arbeitspferde aus. Kaltblüter verdanken dieser Eigenschaft sogar ihren Namen, denn auch in den schwierigsten Situationen bleiben sie total cool, eben *kaltblütig*. Auf den ersten Blick könnte man die absolut entspannten Pferde für verschlafen halten, aber was für ein Irrtum! Ein gutes Arbeitspferd ist hellwach, und von seinem Fleiß könnte sich manch anderes Pferd eine Scheibe abschneiden. Auch darum erleben die schweren Pferderassen in den letzten Jahren bei Kutschfahrern und Freizeitreitern einen Boom. Es macht einfach Spaß, seine Zeit mit den „Dicken" zu verbringen!

Schwere Arbeitspferde kommen auch heute noch beim Holzrücken zum Einsatz.

Einfach unschlagbar: geballte Kaltblutkraft im Gespann

Drei Fragen an Lilly Platen, 14 Jahre, reitet und fährt Shire Horses:

Wie bist du zu den Shire Horses gekommen?

Ich habe die Pflege einiger Shetlandponys übernommen. Weil es auf dem Hof auch Shire Horses gab, habe ich immer mehr mit ihnen zu tun bekommen.

Was ist an diesen Pferden besonders?

Auch heute staune ich noch darüber, wie ruhig und sanft sie sind und wie wenig Kraft man braucht, um sie zu reiten.

Hast du Zukunftspläne?

Ich möchte mein eigenes Shire Horse-Fohlen großziehen und ausbilden, sodass es ganz mein Pferd wird.

Allerbeste Kindermädchen

Trotzdem müssen vor allem die schweren Kaltblüter immer noch mit Vorurteilen kämpfen. Welche Eltern würden ihr Kind so einem muskelbepackten Koloss anvertrauen? Dabei könnten sie keine bessere Wahl treffen! Denn diese urgemütlichen, gutherzigen Giganten sind kaum aus der Ruhe zu bringen, und sie passen bestens auf Kinder auf. Außerdem rutscht man von so einem breiten Kaltblutrücken nicht so schnell hinunter.

Kaltblüter sind die allerbesten Kindermädchen!

Ein mittelschweres Kaltblutpferd

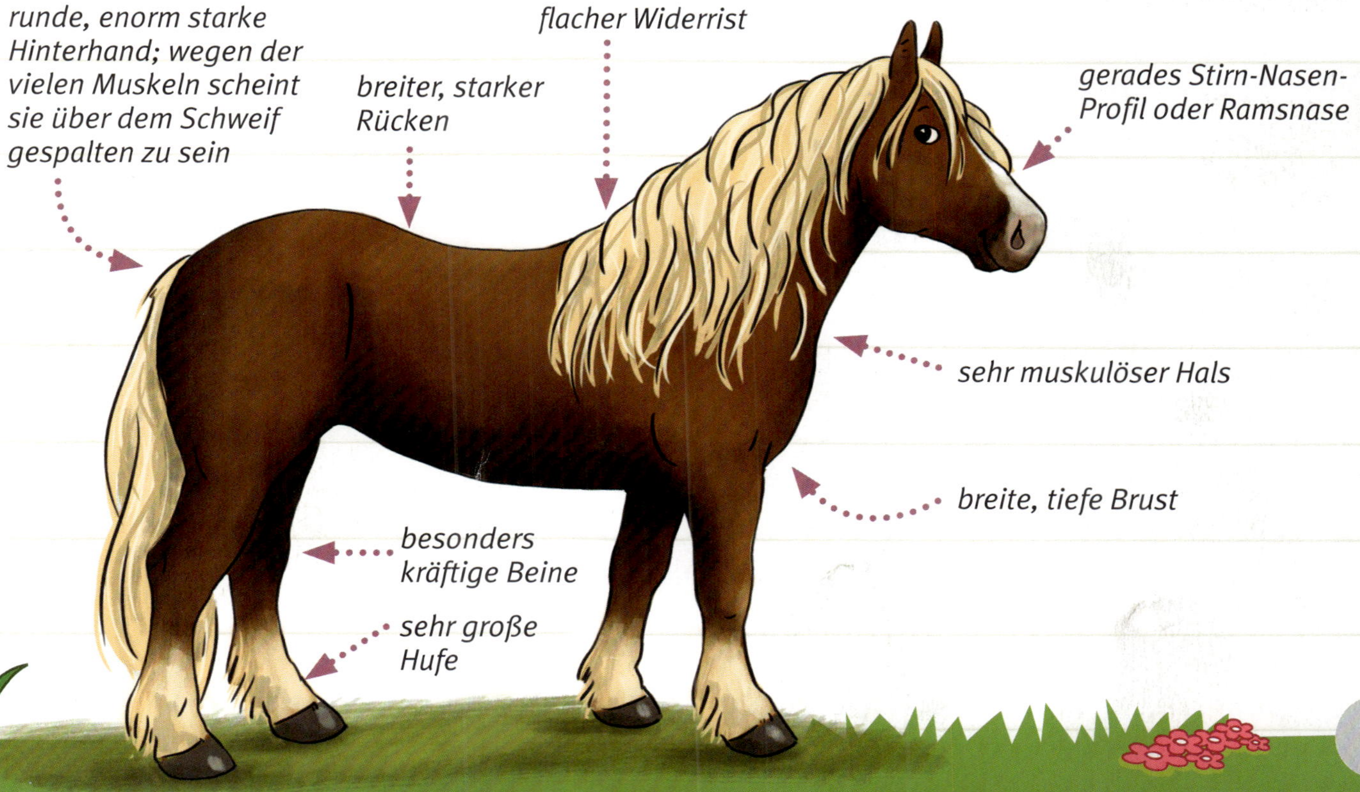

runde, enorm starke Hinterhand; wegen der vielen Muskeln scheint sie über dem Schweif gespalten zu sein

flacher Widerrist

breiter, starker Rücken

gerades Stirn-Nasen-Profil oder Ramsnase

sehr muskulöser Hals

breite, tiefe Brust

besonders kräftige Beine

sehr große Hufe

Schwere Warmblüter
Einfach spitze vor der Kutsche

Eigentlich kommen die schweren Warmblüter aus Niedersachsen. Dass sie in Deutschland nicht komplett ausgestorben sind, verdanken sie aber einem ganz anderen Zuchtgebiet.

Rettung aus Moritzburg

Seit über 150 Jahren sind Oldenburg und Ostfriesland die Ur-Heimat berühmter und begehrter schwerer Warmblüter. Trotzdem brach dort die Zucht nach 1960 wie ein Kartenhaus zusammen. Anders in Thüringen und Sachsen! Ihr staatliches Gestüt Moritzburg behielt einige Hengste, und ein paar hartnäckige Züchter blieben ihren schweren Stuten treu. Darum war man gerüstet, als das Kutschefahren nach 1990 wieder modern wurde und schwere Warmblüter plötzlich gefragt waren.

Charakterkopf eines schweren Warmblut-Wallachs

Was für ein Unterschied! Der schwere Warmblut-Wallach Calypso neben einem Shetlandpony.

Absolut zuverlässig

Heute sind Sachsen und Thüringen die deutschen Zentren der Zucht schwerer Warmblüter; ihre Pferde sind sogar bei internationalen Fahrturnieren ganz vorne mit dabei. Man züchtet Pferde, deren Paradedisziplin das Kutschefahren ist. Gleichzeitig eignen sie sich aber auch prima zum Reiten. Es sind imposante, aber auch elegante Tiere mit weiten, flachen Schritten und guter Ausdauer. Auf den freundlichen, unbedingt zuverlässigen Charakter ihrer Pferde sind die Züchter besonders stolz.

STECKBRIEF

Stockmaß: 1,57m bis 1,68m

Farbe: Braune und Rappen, selten Füchse und Schimmel

Charakter: ruhig, starke Nerven, fleißig, voll bei der Sache

Die Ur-Freiberger haben einen kurzen tragfähigen Rücken und einen kräftigen Hals.

Freiberger
Echte „Arbeitstiere"

Die letzte ursprüngliche Schweizer Pferderasse sind die Freiberger, die neuerdings bei Freizeitreitern immer mehr Freunde gewinnen. Das hat absolut seine Gründe!

Verschiedene Pferdetypen

Ob die Freiberger schwere Warmblüter oder leichte Kaltblüter sind, ist umstritten. Vielleicht liegt das auch daran, dass man sie heute in drei Typen züchtet: als eher leichte, sportliche Pferde, zu deren Vorfahren auch Vollblüter und edlere Warmblüter gehören, aber auch als reinblütige Freiberger und als Ur-Freiberger. Diese ursprünglichen, eher schweren Pferde sind leider eine vom Aussterben bedrohte Rasse.

Wallach Fandango ist ein moderner und eher sportlicher Freiberger.

STECKBRIEF

Stockmaß: 1,50m bis 1,60m

Farbe: meistens Braune und Füchse, selten Schimmel, Rappen, Stichelhaarige

Charakter: freundlich, gutmütig, sehr tolerant, fleißig, oft sensibel

Vielseitige Freunde fürs Leben

Die kompakten Freiberger mit ihrem eher kurzen, starken Rücken eignen sich nahezu für jede Aufgabe. Ihr Körpergewicht kann von etwa 450 bis 600 kg sehr verschieden ausfallen, darum glänzen sie in der Feldarbeit und beim Holzrücken, aber auch vor der Kutsche, beim therapeutischen Reiten oder bei kleineren Turnierprüfungen. Ihr ruhiger, absolut vertrauenswürdiger Charakter ist ein wichtiges Rasse-Merkmal, das streng geprüft wird. Auch darum sind die Freiberger prima Freizeitpferde für die ganze Familie. Sie sind so trittsicher und geschickt, dass das Schweizer Militär sie verwendet, um schweres Gepäck durch die Berge zu tragen. Und wegen ihres ausdauernden Trabes kann man sie sogar zum Distanzreiten einsetzen. „Unsere Pferde sind Arbeitstiere im besten Sinne", sagen die Züchter stolz. „Sie machen nämlich einfach alles!"

Schwarzwälder Füchse
Die Charme-Offensive aus Baden-Württemberg

Die „Araberpferde unter den Kaltblütern" lautet der Spitzname der Schwarzwälder Füchse. Sie sind nämlich die kleinste und leichteste deutsche Kaltblut-Rasse, und an Schönheit fehlt es ihnen ganz bestimmt nicht.

Gemeinsam durch dick und dünn

Mit ihrem runden, muskulösen Körper und ihrer besonders langen, meistens weißen Mähne haben die Schwarzwälder Füchse schnell die Sympathien auf ihrer Seite. Die Bauern in ihrer Heimat züchten schon sehr lange besonders trittsichere, ausdauernde Pferde. Die konnten auch in bergigem Gelände hart arbeiten, sogar wenn es im Winter wenig Futter gab. Trotzdem wollte die Regierung die Schwarzwälder Züchter zwingen, ihre Stuten mit schwereren Hengsten zu kreuzen. Doch die Bauern blieben ihren erprobten Pferden treu, trotz angedrohter Geldstrafen und volle 80 Jahre lang!

Freunde in aller Herren Länder

Die Sturheit der Bauern hat sich gelohnt, denn ihre charmanten Kaltblüter sind tolle Kutschpferde, und dank ihres unkomplizierten Wesens, ihres flotten Trabes und ordentlichen Galopps sind sie sehr gut für Freizeitreiter geeignet. Darum wächst ihre Fangemeinde ständig, nicht nur in ganz Deutschland, sondern auch in den USA und Kanada.

Mit ihrem freundlichen Blick und ihrer langen Mähne haben Schwarzwälder Füchse schnell die Sympathien auf ihrer Seite.

Schwarzwälder Füchse wie Hengst Markus sind die kleinste und leichteste deutsche Kaltblut-Rasse.

STECKBRIEF

Stockmaß: 1,48m bis 1,60m

Farbe: Füchse, selten auch Rappen, mit hellen Mähnen und Schweifen, wenige Braune und Schimmel

Charakter: ausgeglichen, gutmütig

Cobs Normands
Mit Temperament und Springtalent

Für französische Verhältnisse sind die Cobs Normands eher leichte Kaltblüter. Die imposanten Arbeitspferde haben einiges zu bieten und sogar manch ein verstecktes Talent!

Eine bessere Zukunft

Drum herumreden hilft nichts: Wie alle Kaltblut-Rassen in Frankreich haben auch die Cobs Normands wohl nur überlebt, weil man dort gerne Pferdefleisch isst. Zum Glück hat sich die Lage dieser beeindruckenden Pferde inzwischen geändert: Auch die Franzosen fahren wieder gerne Kutsche, und die Freizeitreiter sind ebenfalls auf die Cobs Normands aufmerksam geworden.

Cobs Normands sind hervorragende Kutschpferde.

STECKBRIEF

Stockmaß: 1,58 m bis 1,65 m

Farbe: meistens Füchse und Braune, selten Schimmel und Falben

Charakter: gutmütig, zuverlässig, lebhaft und energisch

Imponierende Gefährten

Mit ihren eher kurzen Beinen sind die Cobs Normands nicht allzu groß, doch sie strahlen trotz ihres muskelbepackten Körpers eine gewisse Eleganz aus. Außerdem können die bis 800 kg schweren Pferde erstaunlich gut springen! All das macht sie zu idealen Kameraden für Freizeitreiter. Aber ihre Königsdisziplin ist und bleibt das Kutschefahren. Die durchaus temperamentvollen Pferde betätigen sich sogar auf internationalen Turnieren als wahre Preisschleifen-Sammler!

Trotz ihres schweren Körpers strahlen die Cobs Normands Eleganz aus.

Noriker und Süddeutsche Kaltblüter
Bergpferde im Maxiformat

Auch in den Alpen gibt es starke Kaltblüter! Die punkten nicht nur mit Muskeln und einem liebenswerten Charakter, sondern auch mit einer beeindruckenden Farbenvielfalt.

Vom Schlachtross zum braven Kaltblüter

Die Noriker waren ursprünglich Barockpferde und dienten als Schlachtrösser. Die Bergbauern züchteten sie für die Landwirtschaft aber zu mittelschweren Kaltblütern um.

Beim Kufenstechen in Feistritz sind die athletischen Noriker Pferde die heimlichen Stars.

Brauchtum und Reitturniere

Vor allem in Österreich verbringen die Fohlen den Sommer oft auf der Alm, was sie besonders beweglich und trittsicher macht. Und in Österreich starten die etwa 800 kg schweren Tiere sogar bei extra für sie ausgerichteten Dressur- und Springprüfungen! Natürlich können sie auch prima Kutsche ziehen und auf dem Feld arbeiten. Aber am prächtigsten wirken sie bei Brauchtumsveranstaltungen wie Reiterprozessionen oder dem Kufenstechen, bei dem junge Männer hoch zu Ross mit Eisenkeulen auf ein Holzfass einschlagen.

Ein Noriker Tigerscheck-Gespann

STECKBRIEF

Stockmaß: 1,55 m bis 1,65 m

Farbe: Braune, Rappen, Füchse, Lichtfüchse, Schimmel, Mohrenkopf-Schimmel, Tigerschecken, selten Plattenschecken (nur bei Norikern) und Weißgeborene

Charakter: ausgeglichen, gutmütig, sehr eifrig, selbständig

Schleswiger Kaltblüter
Pferdestärken aus Deutschlands hohem Norden

Auch heute noch haben es die fleißigen „Schleswiger" nicht leicht.
Wenn man die hübschen, freundlichen Tiere näher kennt,
fragt man sich allerdings: Warum?

Am Rande der Existenz

Die robusten „Norddeutschen" sind typische mittelschwere Kaltblüter. Lange Zeit waren sie eine sehr erfolgreiche Rasse. Trotzdem lebten in den 1970er-Jahren nur noch 40 Schleswiger Pferde! Bis heute stehen sie auf der Roten Liste der gefährdeten Nutztierrassen, obwohl es immerhin wieder über 200 Stuten und 30 Zuchthengste gibt. Angesichts des wachsenden Interesses an allen Kaltblut-Rassen machen sich ihre Züchter auch keine ernsthaften Sorgen mehr. Trotzdem haben die sympathischen Schleswiger Kaltblüter etwas mehr Beachtung wirklich verdient!

STECKBRIEF

Stockmaß: 1,56m bis 1,62m

Farbe: meistens Füchse, oft Lichtfüchse, selten Rappen, Schimmel, Braune

Charakter: ruhig, unkompliziert

Jütländer sind die urwüchsigen Ahnen der Schleswiger Kaltblüter.

Schleswiger Kaltblüter sind lernfreudige und umgängliche Zeitgenossen.

JÜTLÄNDER KALTBLÜTER

… kommen aus Dänemark und sind die wichtigsten Vorfahren der Schleswiger. Als helle Lichtfüchse haben die „Jütländer" mit ihren massiven, kurzen Beinen, dem üppigen weißen Kötenbehang und den großen Köpfen eine recht ursprüngliche Ausstrahlung. Ihre großen, sanften Augen machen sie besonders liebenswert.

Percherons
Märchenpferde aus Nordfrankreich

„Das letzte Einhorn!" Sogar Pferdekennern entlocken die Percherons solche begeisterten Ausrufe. Denn wie ein Schleier legen sich Adel und Eleganz über ihre schweren Körper und lassen sie einfach wunderschön aussehen.

Französische Edel-Kaltblüter

Das besondere Flair verdanken die Percherons ihren barocken und orientalischen Vorfahren. Trotzdem sind sie starke Pferde mit einem Gewicht bis 1000kg, einem kurzen Rücken und nicht allzu langen Beinen. Sie werden in vielen Ländern nachgezüchtet, vor allem in Japan und Nordamerika. Gerade in den USA gibt es auch deutlich leichtere Percherons.

„Das letzte Einhorn!" Percherons haben eine fast märchenhafte Ausstrahlung.

In den USA haben Percherons einen leichteren Körperbau und sind häufig Rappen.

STECKBRIEF

Stockmaß: 1,50m bis 1,80m

Farbe: Europa: meistens Schimmel, USA: häufig Rappen, auch Braune

Charakter: ausgeglichen, gutmütig, manchmal lebhaft oder etwas heißblütig

Tanzende Kolosse

Auch in Frankreich haben die fleißigen Percherons vor der Kutsche, beim Holzrücken und sogar im Weinbau wieder passende Aufgaben gefunden. Neuerdings setzt man sie sogar zum Reiten ein, und manche zeigen mit ihrer typischen, hohen Knieaktion und ihrem recht geschmeidigen Trab sogar ein erstaunliches Talent für die klassische Dressur.

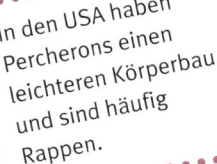

Rheinisch-Deutsche Kaltblüter
Kolosse mit Herz und Power

Mit ihren enorm muskulösen Körpern und „Beinen wie griechische Säulen" gehören die Rheinisch-Deutschen Kaltblüter zu den absoluten Schwerathleten unter den Pferden. Und es ist kaum zu glauben: Vor 80 Jahren stellte diese Rasse über die Hälfte aller Pferde in Deutschland!

Anders als erwartet

Ob die rheinischen Bauern mit diesem Erfolg gerechnet haben, als sie vor mehr als 120 Jahren ihre Pferde mit Belgischen Kaltblütern kreuzten? Jedenfalls wurden die „Rheinischen" zu einer der stärksten Pferderassen der Welt. Heute sind sie nicht mehr ganz so massig wie damals, oft wiegen sie aber immer noch etwa 1000kg. Doch zu ihrem Gewicht gesellen sich Fleiß, Ausdauer, erstaunliche Genügsamkeit und ein toller Charakter – „Nerven wie Drahtseile" ist bei ihnen noch untertrieben!

Belgische Kaltblüter

… sind die wichtigsten Vorfahren der Rheinisch-Deutschen Kaltblüter. Sie haben ihnen den schweren Körper und die häufig stichelhaarige Farbe vererbt. Mit maximal 1,77m Stockmaß sind die „Belgier" etwas größer, und sie können bis zu 1200kg schwer werden.

STECKBRIEF

Stockmaß: 1,58m bis 1,70m

Farbe: oft Stichelhaarige, auch Füchse, Lichtfüchse, Braune, Rappen

Charakter: absolut ruhig und gutmütig, sehr eifrig

Rheinische Kaltblüter wie die Stute Nele haben einen muskulösen Körper, eine enorm starke Kruppe und oft einen kräftigen Kötenbehang.

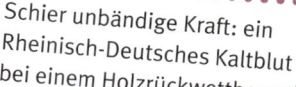

Schier unbändige Kraft: ein Rheinisch-Deutsches Kaltblut bei einem Holzrückwettbewerb

Shire Horses
Der Stolz Großbritanniens

Die größte Pferderasse der Welt, wahre Giganten mit bis über 1200kg Gewicht – das sind die Shire Horses. Gleichzeitig sind sie so elegant und schön, dass sie ihren Zuschauern fast den Atem rauben!

Unter dem Schutz der Königin

Dennoch mussten Züchter und Brauereien, ja sogar die Königin persönlich vor 50 Jahren für ihre Rettung kämpfen. Heute gibt es in England wieder eine ansehnliche Zahl der auffallend langbeinigen „freundlichen Riesen". Sie arbeiten als Zugpferde, lassen sich prima reiten und zeigen sogar ansehnliche Dressurlektionen oder Zirkus-Kunststücke. Mit ihren langen Mähnen, den gewölbten Hälsen, einem kurzen Rücken und dem üppigen, seidigen Kötenbehang sehen sie wirklich umwerfend aus. Darum sind sie nicht nur in England beliebte Showpferde. Sie haben auch von Deutschland über die USA bis nach Südafrika und Japan ihre Fans gefunden.

CLYDESDALES

... sind die schottischen Verwandten der Shire Horses. Sie sind etwas kleiner und leichter, oft auch bunter. In den USA sind sie als Helden eines Werbeclips zu richtigen Stars geworden.

STECKBRIEF

Stockmaß: bis über 2m, Durchschnitt: 1,78m

Farbe: immer Sabinoschecken: Braune, auch Rappen, selten Schimmel, Füchse, Stichelhaarige

Charakter: freundlich, sanft, starke Nerven, sehr anhänglich, eifrig, oft recht temperamentvoll

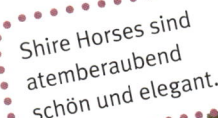

Shire Horses sind atemberaubend schön und elegant.

Worterklärungen

Abstammungspapiere sind die beiden Dokumente, die der neue Eigentümer eines Pferdes beim Kauf erhält, nämlich der Equidenpass und die Eigentumsurkunde. Auf dieser sind auch die Vorfahren des Pferdes bis zu den Urgroßeltern vermerkt, soweit man diese kennt.

Albino nennt man ein Lebewesen, das an einer angeborenen Störung der Bildung körpereigener Farbstoffe leidet. Bei Pferden haben Albinos helle Haut, weißes Fell und rote Augen.

Anspruchslos sind Pferde, wenn sie mit wenig Futter und/oder Wasser auskommen und auch in hartem Klima gesund und leistungsfähig bleiben.

Eine **hohe Aufrichtung** haben Pferde, die von Natur aus Kopf und Hals hoch erhoben tragen.

Auswildern bedeutet, dass man ein Tier, das man in Gefangenschaft aufgezogen oder eine Zeit lang in Gefangenschaft gehalten hat, in die Freiheit entlässt.

Behang heißen die langen Haare eines Pferdes, nämlich Schopf, Mähne, Schweif und manchmal auch die Haare an den Fesseln.

Deckhengst ist ein anderes Wort für Zuchthengst. Ein solcher Hengst wurde nach einer Prüfung von einem Zuchtverband anerkannt, um Fohlen zu zeugen.

Distanzreiten ist ein Sport, in dem Reiter und Pferd lange Strecken von bis zu 160 km an einem Tag so schnell wie möglich überwinden sollen. Dabei darf das Pferd nicht überfordert werden.

Dressurreiten soll mit Hilfe von Gymnastikübungen die natürlichen Talente eines Pferdes fördern. Das Ziel ist ein gesundes, gut zu reitendes, gerne mitarbeitendes Pferd.

Genügsam sind Pferde, die wenig Futter brauchen, um fit zu bleiben.

Ein **Hengst** ist ein männliches Pferd.

Hilfen nennt man beim Reiten alle Möglichkeiten, mit denen sich ein Reiter mit seinem Pferd verständigen kann. Es gibt Zügel-, Gewichts-, Schenkel- und Stimmhilfen.

Hirschhals nennt man den Hals eines Pferdes, wenn er „wie bei einem Hirsch" steil nach oben zeigt, obwohl er an Brust und Rücken eher tief angesetzt ist. Ein solcher Hals führt beim Reiten schnell zu einer falschen Haltung des Pferdes.

Inzucht besteht, wenn zwei eng verwandte Lebewesen miteinander Kinder zeugen. Sie kann bei den Nachkommen zu schweren Behinderungen führen.

(Hohe) Knieaktion haben Pferde, wenn sie vor allem im Trab ihre Beine bei jedem Schritt hoch anheben.

Kötenbehang heißen die manchmal sehr langen und üppigen Haare, die bei Pferden vieler Rassen an den Fesseln wachsen.

Kaltblüter sind besonders schwere Arbeitspferde. Sie haben meistens einen sehr ruhigen Charakter.

Kuhhessig sind die Hinterbeine eines Pferdes, wenn seine Hufe beim Stehen nach außen zeigen.

Langhaar nennt man die langen Haare eines Pferdes an Schopf, Mähne und Schweif.

Bei einem **Ramskopf** ist der Kopf eines Pferdes von der Stirn bis zu den Nüstern halbkreisförmig nach außen gewölbt.

Zu einer **Reittherapie** / dem **Therapeutischen Reiten** gehören alle Übungen, die Menschen mit seelischen oder körperlichen Entwicklungsstörungen beziehungsweise Behinderungen auf einem Pferd ausführen.

Stockmaß ist die Bezeichnung für die Größe eines Pferdes. Gemessen wird es am Widerrist, dem höckerförmigen Übergang vom Hals zum Rücken.

Therapiepferd heißt ein Pferd, das beim Therapeutischen Reiten mitarbeitet.

Bei **Trabrennen** laufen speziell dafür gezüchtete Pferde im Trab um die Wette. Die Menschen, die sie dabei lenken, sitzen meistens in leichten, zweirädrigen Wagen hinter ihnen.

Veredler heißt ein Zuchthengst, der aus einer besonders edlen Rasse wie Araber oder Englisches Vollblut stammt und mit Stuten einer anderen Rasse Fohlen zeugt. Seine Nachkommen werden in der Regel leichter, edler und eleganter als ihre Mütter.

Eine **Vielseitigkeitsprüfung** besteht aus einer Dressuraufgabe, einem Springwettkampf und einem Geländeritt, bei dem Reiter und Pferd unter Zeitdruck fest stehende Hindernisse überwinden müssen.

Als **Vollblut** bezeichnet man die sehr leicht gebauten Pferderassen Araber, Englisches Vollblut und Anglo-Araber.

Voltigieren heißen Turnübungen auf dem Pferderücken im Schritt, Trab und Galopp.

Wallach nennt man einen Hengst, dem man in einer kleinen Operation die Hoden (äußeren Geschlechtsorgane) entfernt hat.

Warmblüter sind Pferde, deren Körperbau und Temperament zwischen denen von Vollblütern und Kaltblütern liegen.

Wildpferde sind Pferde aus Rassen, die nie durch menschliche Zucht beeinflusst wurden.

Wild lebende Pferde streifen zwar auch frei umher, aber sie stammen von Hauspferde-Rassen ab, die durch den Menschen geprägt wurden.

Register

Bildverzeichnis

Bibliografische Information der Deutschen Nationalbibliothek:
Die Deutsche Nationalbibliothek verzeichnet diese Publikation in der Deutschen Nationalbibliografie. Detaillierte bibliografische Daten sind im Internet über **http://dnb.d-nb.de** abrufbar.

5 4 3 2 1   E D C B A

Text: Angela Waidmann
Illustrationen: Nadine Jessler
Umschlag und Innenlayout: Maria Seidel, atelier-seidel.de
Satz: Eva Poetsch | www.websedit.de

ISBN 978-3-437-55452-2

www.ravensburger.de